bōhlau

Inhalt

Foto: Contrast

Ein Zeitalter wird besichtigt

Fragwürdiges Vorwort

> Das Bier schafft uns Genuss,
> Die Bücher nur Verdruss.
> (Johann Wolfgang von Goethe)

HANS: Zumeist ist es doch so: Mit Ausnahme einer verspäteten Rentenauszahlung an einem nebligen und frostigen Novembertag macht wohl nichts auf den gefühlvollen, älteren Menschen unserer Generation einen so bewegenden Eindruck wie der Rückblick auf lange zurückliegende, im Dunst der Zeit sich verlierende Lebensepochen, die sich einstens um das Erwachen jugendlichen Sturm und Dranges rankten. Gefestigte, im Lebenskampf gestählte Männer vermögen ihre Rührung kaum zu unterdrücken, wenn einmal noch eindringliche Bilder dieser makellosen Vergangenheit solcherart beschworen werden, dass selbst rüstige Heiminsassen nur mit Mühe und der Hilfe naher Helfer ihre Fassung zu bewahren imstande sind, und dank dieser kollektiven Erinnerungsleistung die rasch vorbeiziehenden Visionen luzider juveniler Träume von früher für einen kurzen Augenblick ein allerletztes Mal durchlebt werden, um dann wie Morgennebel zu entschwinden in der strahlenden Realität von Katzendosen, Hofer-Markt, Frühpensionsdebatten und Spätvormittags-Fernsehen.

   Nicht selten verweist dabei der zittrige Finger des Memorierenden anklagend auf die wachsende Schar undankbarer Nachgeborener, die, ungeachtet der musealen Tatsache, dass doch wir damals diejenigen waren …

WILLI: Irgendwie, wenn du mich fragst, kein besonders gelungener Anfang für ein Vorwort über die wilden 60er Jahre, zu viel Nebel …

HANS: Die wilden 60er Jahre! Traurige Inflation eines Adjektivs: wild waren auch die zwanziger, unbestritten die creißiger und vierziger und sogar die fünfziger Jahre gewesen …

WILLI: Ich denke da an eine knappe, präzise, übersichtliche Darstellung.

HANS: Etwas einsilbig heute.

WILLI: Wieso einsilbig? Ich heiße noch immer Resetarits.

HANS: Nicht neu und nicht von dir.

WILLI: Also, ich stelle mir den mitreißenden Anfang so vor:

   „Im Raketentempo hat uns dieses Jahrzehnt mitgerissen durch Höhen und Tiefen, Wunder und Schrecken, wie sie nur Menschen dem Menschen zu bereiten imstande sind. Wir sahen, wie der erste Mensch seinen Fuß auf den Mond setzte, und bekamen den Kennedy-Mord in Zeitlupe vorgeführt. Vietnam-Greuel, Afrika-Massaker, Mini-Rock, Beatles-Musik, Sexwelle, Aufklärung, Herztransplantation – nichts blieb uns erspart und auf nichts mußten wir verzichten. Was für ein Jahrzehnt!"

HANS: Applaus und Hochrufe ertönen! Ich bin mitgerissen. Allerdings: mit ebendiesen Worten eröffnete bereits die Österreich-Ausgabe der Illustrierten „Stern" im Dezember 1969 ihren Rückblick auf die „wilden sechziger Jahre".

WILLI: Bist du doch draufgekommen? Aber besser hätte ich es auch nicht sagen können. Dabei muss vor allem auf den tiefen Bruch Mitte des Jahrzehnts eingegangen werden, der die Welt verändert hat. Dazu fallen mir spontan die Worte ein:

„Ein Dezennium, in dem spätestens ab 1967 auch in Österreich ein Kampf zwischen zwei Kulturen stattfand, in dem man sich gegenseitig nichts vergab, wo sich erstmals ein neuer jugendlicher Lebensstil in partieller Konsumverweigerung, langen Haaren und Bärten, Musikerlebnis, bunter Kleidung und antiautoritärer Haltung, Protestkultur und geänderter Sexualität gegenüber der Erwachsenenwelt lautstark äußerte. Und diese Jugend war eine unabhängige Kraft geworden und hatte mit ihrem Wir-Gefühl am Ende des Jahrzehnts Besitz von der Erde ergriffen. Nichts blieb, wie es einstens war: überregionale Kulturprozesse hatten das Lokale zum Globalen hin verwandelt, neuartige, universelle Normen, Wertsysteme und Weltbilder, Ikonen, Mythen und Lebensstile als Codes jugendlicher Modernität waren entstanden und auch die Massenkultur gelangte als Massenproduktion über die einsetzende Massenkaufkraft nunmehr zu ihrem wahren Selbst."

HANS: Das klingt nach Verlagswerbetext.

WILLI: Ist es ja auch. Also weiter:

„Was immer die Zukunft noch bringen mochte: die radikale Umwertung aller Werte, der unumkehrbare Prozess der Umgestaltung von nunmehr endgültig verlorenen Lebenswelten, war in wenigen Jahren in rasantem Tempo vollzogen worden und alle in diesem Band vertretenen Autoren haben als atemlose Zeitzeugen, stille Beobachter oder lautstarke Akteure diese radikalen Veränderungen des Alltags in allen Lebensbereichen erlebt und ihre Erinnerungen und Reflexionen über die ‚wilden sechziger Jahre' in vorliegendem Buch eindrucksvoll dokumentiert.

Was für ein Jahrzehnt!"

HANS: Du machst es den Kritikern unter den Rezensenten zu leicht. Ein Vorwort sollte Einzelbeiträge in eine globale Sichtweise einbetten und strukturieren, die Sinnhaftigkeit derartiger Erinnerungskultur erörtern, dabei äußere Wirklichkeit und innere Erfahrung der öffentlichen Musealisierung und Geschichtsschreibung entgegensetzen, die Hegemonie der männlichen Präsenz in unserer Kultur (und in unserem Buch) problematisieren …

WILLI: … weil du auch unserer weithin bekanntesten Lyrikerin auf dem Kuvert einen falschen Vornamen verpasst hast …

HANS: … die Metaphorik der Mnemosyne beachten und gleichzeitig lustvoll auf den damals herrschenden mentalen Zeitgeist … apropos, wusstest du, dass ein großes Bier in den wilden 60ern hinter der Uni drei fünfzig gekostet hat?

WILLI: Das war aber schon um 69, vorher war's, vor allem in der Vorstadt, wesentlich billiger, so um die zwei neunzig!

BEIDE: Was für ein Jahrzehnt!

I. Anpassung und Aufbruch

Ernst Stankovski bei einem Auftritt im Alten Simpl in Schwabing, 1966
(Foto: privat)

Ernst Stankovski

In Schwabing ————————————————

1964 war Schwabing eine mehr oder weniger oberflächliche Unterhaltungsmeile. Die große Zeit von Wedekind, Ringelnatz, Kathi Kobus und den Elf Scharfrichtern war längst vorbei. Die Chansons von Klabund, Tucholsky, Odemar und anderen, die von alt gewordenen Diseusen vorgetragen wurden, erschienen mir antiquiert und hatten zum Tage nichts zu sagen.

Ich trat damals im Alten Simpl bei der Toni Netzle auf, vormals das berühmte Lokal der Kathi Kobus in der Türkenstraße, und Max Colpet ehrte mich mit dem Spruch: „Seit der Stankovski im Simpl auftritt, heißt der Simpl wieder SIMPLIZISSIMUS". Der Laden war jeden Abend rammeldicke voll. Junges Publikum, Studenten, Maler, Literaten, Bierfreunde, Bürger … Und auf dem Podium wurde gesungen „In Japan ist alles so klein" und das „Leibregiment" – radibimmel, radibammel, radibommel.

Ich fand das alles eher langweilig und wunderte mich, dass die jungen Studenten den alten Brettl-Liedern so begeistert applaudieren.

Und eines Nachts kam ich mit den jungen Leuten, die ums Klavier saßen, ins Gespräch und frage sie, warum ihnen diese dünnen, veralteten Texte gefallen. Es wurde eine lange lautstarke Diskussion mit Bier und Korn. Und noch mal Bier und wieder Korn. Und daneben saß die ganze Zeit einer, der kettenrauchte, der Wasser trank, und der nur zuhörte.

Als die Studenten mit ihren Freundinnen gegangen waren, bestellte er für mich und sich einen Schnaps und sagte: „Denen jungen Leuten gefällt das alles gar nicht, sie wissen's nur noch nicht."

Vier Jahre später kamen die 68er-Krawalle, es kamen Dutschke und Reinhard Mey, Süverkrüp und Degenhardt und der größte unter uns: Hans Dieter Hüsch.

Hermann Nitsch

umwälzungen ⎯⎯⎯⎯⎯⎯⎯⎯⎯⎯⎯⎯⎯⎯⎯⎯⎯⎯⎯⎯

eigentlich möchte ich mit meinem text zeigen, dass es nicht nur einengende gegebenhei-
ten der äusseren politischen umstände der nähe sind, die zu einem revolutionären verhalten bestimmen können, sondern dass in jedem einzelnen von uns der wille nach tieferen
umwandlungen vorliegen kann. der wunsch nach oberflächlichen politischen veränderungen muss nicht von primärem interesse sein.

die erste volksschulklasse erlebte ich noch im dem wahnsinn des hitlerregimes, und dies
umdrungen von der todesangst, die die fast täglichen bombenangriffe auslösten. dann kam
der umbruch und die „befreiung". soldaten plünderten und vergewaltigten frauen. österreich
wurde von vier besatzungsmächten verwaltet, der sender wien 1 wurde von den russen be-
treut. von diesem sender aus wurde nur geschimpft über den kapitalismus und über die
usa. der sender rot weiss rot war sprachrohr der amerikaner. neben der verherrlichung der
wirtschaftswunderwelt liess man am russischen und östlichen totalitären kommunismus
kein gutes haar. alle seiten logen ideologisch vor sich hin.

schon als 6–7-jähriger erkannte ich den unfug und die unehrlichkeit, die verlogenheit der
politik. wo war die wahrheit? die grosse und kleine politik war mir bereits als kind zutiefst
zuwider, von daher kam keine anleitung zum wesentlichen leben. auch die österreichische
politik schien mir lächerlich, der journalismus mit seinen bildmagazinen und gefilterten
nachrichten der tageszeitungen schien mir ablehnenswert. die freche vereinnahmung der
massenmeinung und trends durch die presse verdiente nur meine verachtung. in der folge
wurde meine ablehnung gegen die massenmedien immer mehr verhärtet. allen politischen
ideologien bin ich ausgewichen. auch der soziale gedanke, dem ich nach wie vor sehr nahe
stehe, wurde, wie ich es empfand, nicht ganz ehrlich und mit zu wenig nachdruck und wirkung verfolgt. überall schöne worte und wenig existenzielle wirkung. seichtheit und macht-
gier der politiker triumphierten, ebenso der sport, von den massen gehuldigt, vermochte
mich nicht zu faszinieren.

auch der staat zeigte sich mir immer mehr als ein ausbeuterisch zentralistisch verwalte-
tes ungeheuer. ich näherte mich immer mehr dem anarchismus einerseits und andererseits
der philosophischen weltbewältigung, nicht der politischen. selbstverständlich schien mir
der patriotismus lächerlich, eigentlich die ursache aller kriege. das ganze österreichertum,
womöglich das sich beziehen auf die monarchie, ging und geht mir auf die nerven. den ort
meiner geburt konnte ich mir nicht aussuchen. ich wäre ebenso gern italiener, jude, engländer oder wäre gerne hineingeboren in ein land hoher antiker kulturen, etwa ägyptens, grie-
chenlands, indiens, chinas, japans. was mich freut ist, dass österreich so viel mit grossarti-
ger musik zu tun hat: haydn, mozart beethoven, schubert, bruckner, schönberg, berg,
webern usw. als deutscher würde ich mich beziehen auf goethe, jean paul, hölderlin, nietz-
sche usw. nicht das territoriale gefühl der grenzen, die mir stolz und schutz bieten, sondern
die jeweiligen kulturkreise bedeuten mir das, was vielleicht heimat sein könnte. aber vielleicht lasse ich mich doch als kaiser des weinviertels ausrufen.

soweit mein politisches weltbild und das vieler meiner freunde in den frühen sechziger jahren. eigentlich waren wir gegen fast alles, gegen politik, staat, den kunstbetrieb (weil nur das althergebrachte gefördert wurde und nicht das neue). wir waren gegen die demokratisch sanktionierte diktatur der banalität. oft träumten wir davon, das burgtheater zu besetzen oder nach rom zu gehen, um den vatikan einzunehmen. seit es seit 1968 mode wurde links zu sein und dieses gegen alles sein keine vornehme gesinnung mehr war, wendete ich mich ab von der platitüde, politisch wirksam sein zu müssen.

es war mir nicht der mühe wert im schutz einer neuen ideologie dies alles zu bekämpfen. ich wollte das miese dieser aussenwelt umgehen, ignorieren, friedlich überwinden und dagegen etwas wirklich wesentliches und neues setzen.

welchem umbruch trug dann meine arbeit und damit meine gesinnung rechnung? mir ging es und geht es um eine gesunde rückhaltlose bejahung des lebens, um intensität und ausdrucksstärke in der kunst. niemand glaubt es mir, obwohl die entwicklung meiner arbeit von skandalen durchzogen ist, ich wollte und will nie provozieren, am allerwenigsten politisch vordergründig. nochmals, ich will intensität, ausdruck, betroffenheit bewirken, ich will wachrütteln, die menschen in ihr dasein bringen, wie dies bei der griechischen tragödie der fall ist, wie dies durch den isenheimer altar, durch die passionen von bach bewirkt wird. die befreiung der erotischen und sexuellen vorgänge ins selbstverständliche, lebensfördernde, die erfahrbarkeit der wirklichkeit der welt durch die sinne wird bewirkt. das sein soll der transzendenz abgerungen werden und im hier und jetzt durch uns erfahren und erkannt werden. eine neue auffassung der metaphysik voll lebensbejahung und seinsverherrlichung entsteht. es geht um gross angelegte umwälzungen und umwertungen. eine epoche der daseinsentwertung ist im begriff sich aufzuheben, eine neue ethik entsteht. nicht asketisches leibverleugnendes dahindämmern, sondern ein dynamischer lebensrausch, eine lebensaufwallung soll sich festlich austragen.

ich glaube, dass eine weltveränderung in so grossem stil alle kleinen politischen missstände von selbst in sich zusammenschrumpfen lässt, bedeutungslos werden lässt. menschen, die das sein intensiv und festlich erfahren, haben auch eine grössere soziale reife, vieles löst sich dadurch von selbst. liebe müsste nun nicht als gebot begriffen werden, sondern als zustand als seinszustand, aus dessen begeisterung und überschwang die liebe sich von selbst ereignet. das eigene subjekt überholend, verschwendend, wird aus dem übervollen geschenk die substanz der liebe, des seins, schüttet breit aus. diese aus dem (da)sein, aus der intensität des seinszustandes heraus wachsend schenkende liebe ist ansteckend, kann zu einer positiven epidemie werden, kann an solchen ausladenden veränderungen mitarbeiten. alles andere kleine politische gerangel scheint mir nichtig und unbedeutend. es ist, wie wenn man durch ein fernrohr verkehrt durchsieht.

ich möchte von jenem änderungswillen bestimmt sein, der religionen einander ablösen und neue ethische und philosophische wertsetzungen entstehen lässt.

hermann nitsch, prinzendorf im märz 2003

Antonio Fian

Frühes Fernsehen

Eines hat jede Generation, das andere nicht haben, nie haben können, das ihr ganz allein gehört. Die unsrige dies: Sie ist genauso alt wie das österreichische Fernsehen. Als das Fernsehen in den Kinderschuhen steckte, steckten auch wir in den Kinderschuhen, und unser Erwachsenwerden wurde begleitet von der wachsenden Präsenz bewegter Bilder. Für die Älteren, die nichts anderes gekannt hatten als Radio und Kino, ihren Hitler, ihren Krieg und ihren Wiederaufbau, mußte schon das Fernsehen an sich das grundlegend Neue sein, dem gegenüber die Veränderungen, die es später durchgemacht hat, nicht mehr ins Gewicht fielen. Für die Jüngeren, die nichts von seinen Kinderjahren wissen, nicht wissen, was für ein Ereignis, für ein Kind zumal, es einst war fernzusehen, ist es ein so selbstverständlicher Teil der Welt, daß sie es kaum der Mühe wert finden würden, sich damit auseinanderzusetzen. Sie haben recht, es nicht zu tun, sie sind mit Sicherheit gewappneter als wir gegen optische Dauerberieselung und richten schon, vielleicht sogar mühelos, den Blick auf eine kommende Wirklichkeit. Der unsere hingegen, staunend, kommt nicht los vom Bildschirm, wir sind verdammt fernzusehen, und uns bleibt nur der Trost, daß wir die wahre österreichische Fernsehgeneration sind, die verläßlichen Zeugen einer Entpuppung.

Der erste Fernsehapparat in unserer Familie stand im Haus meiner Großeltern, auf einem Stutzflügel, der nur einmal im Jahr, am Weihnachtsabend, von meiner Schwester und mir bespielt wurde: Ein Sonatinchen, vielleicht noch etwas Vierhändiges, dann Stille Nacht. Der Fernseher war ebenfalls ein Weihnachtsgeschenk, er gehörte meinem Großvater, der damals schon über siebzig war. Ich hatte nie den Eindruck, daß ihn, was auf dem Bildschirm gezeigt wurde, wirklich interessierte, den *Apparat* jedoch hat er zweifellos geliebt. Er mußte eingeschaltet sein, und wenn mein Großvater auf seinen Gängen durch die Wohnung an ihm vorbeikam, ließ er es sich nicht nehmen, an den Knöpfen zu manipulieren, lauter oder leiser zu drehen oder überhaupt alles so zu verändern, daß man, wollte man tatsächlich das Programm sehen, vorher all seine Manipulationen wieder rückgängig machen mußte, was nicht immer einfach war. Dennoch versuchte niemand, etwas gegen diese Angewohnheit zu unternehmen, zu spaßig war es, ihm dabei zuzusehen. Große Zärtlichkeit und hoher Genuß lagen in diesem Anfassen der Knöpfe, mit Daumen und Zeigefinger, die anderen Finger abgestreckt. Es ist eine ,alte' Bewegung, ich habe sie später dargestellt gefunden auf einem berühmten Gemälde eines anonymen Meisters aus der Schule von Fontainebleau, das im Louvre hängt. Es ist dieselbe, mit der die Gabrielle d'Estrée im Bade ihrer Schwester an die Brustwarze faßt.

Wir waren häufig, jeden zweiten, dritten Tag bei meinen Großeltern zu Besuch, und immer habe ich ferngesehen; Kasperltheater natürlich, gemeinsam mit meiner Großmutter, aber meine einzige Erinnerung daran ist eine Spracherinnerung: daß dort einer das schöne Wort „Grawuzikapuzi" auszurufen pflegte, wenn er staunte. „Wer bastelt mit" habe ich gesehen und mich geärgert, weil mir die Zeitkomprimierung, die dort gang und gäbe war, un-

Das Fernsehprogramm von heute

18.30 Kurznachrichten

18.33 Let's speak English

19.00 Rauhe Männer in rauher See
Ein Dokumentarfilm über die Arbeit der Hochseefischer.

19.25 Für Sie notiert

19.30 Zeit im Bild

19.55 Schaufenster

20.00 Kurzfilm-Mosaik

20.05 Einundzwanzig

20.55 Horizonte

21.40 Zeit im Bild
Wiederholung.

Deutschland, heute: 17.00 Die Sache mit der Schatzinsel, 17.40 Peter entdeckt seine Stadt, 18.30 Nachrichten, 18.35 Das alte Hotel, 19.05 Nachrichten und aktuelle Viertelstunde, 19.25 Die Münchner Abendschau, 20.00 Tagesschau, 20.15 Das Fernsehgericht tagt, 21.45 Marina y Alberto, 22.30 Tagesschau.

Österreich, morgen: 17.00 Wer bastelt mit? 17.32 Fury, 17.57 Beim Blumendoktor, 18.30 Kurznachrichten, 18.33 Le Français chez vous, 19.00 Streiflichter aus Österreich, 19.25 Für Sie notiert, 19.30 Zeit im Bild, 19.55 Schaufenster, 20.00 Kurzfilm-Mosaik, 20.10 Nora Prentiss, 21.50 Im Kreuzfeuer der Presse, 22.25 Zeit im Bild.

Technisches Versuchsprogramm (Band IV, Kanal 24), **morgen:** 19.00 Kurznachrichten, 19.03 Peruanische Skizzen, 19.30 Zeit im Bild, 20.00 Black and White, 20.44 Tanzende Finger.

Im nächsten Heft:

Kuli begeistert Millionen

Er ist Deutschlands Fernsehstar Nummer 1: Hans Joachim Kulenkampff. Wenn seine Sendung „Einer wird gewinnen" auf dem Programm steht, schalten Millionen Zuschauer bei uns und in vielen Nachbarländern ihr Fernsehgerät ein. Trotz dieser ungeheuren Fernsehpopularität aber gehört die stille Liebe des gelernten Schauspielers Kulenkampff dem Theater. Deshalb baut er in seine Quizsendung heitere Szenen ein. Sie beweisen, welch ein vielseitiger Mime er ist. In seinen besten Rollen zeigt ihn die BUNTE.

In Farbe

18

zulässig erschien. Es war ja gar nicht möglich mitzubasteln, es war nur möglich *nach*zubasteln, die Qual des Sägens, Leimens, Wartens war denen am Bildschirm erlassen, die hatten immer schon das Werkstück im jeweils nächsten Stadium zur Hand und machten von dort aus weiter. Vielleicht war das der Grund, dieser Ärger über „Wer bastelt mit", daß ich damals oft, im Garten für mich, Im-Fernsehen-Sein spielte. Als Kommentator begleitete ich mein belangloses Tun, und das Programm war mein belangloses Leben. Dieser Gedanke einer jahrzehntelangen ununterbrochenen Sendung, die aus nichts anderem besteht als aus dem Leben irgendeines, aber immer desselben Menschen, hat mich auch später noch fasziniert, und ich war enttäuscht über die Ergebnisse, als er in die Tat umgesetzt wurde, sei es in Sendungen wie „Big Brother", sei es von Menschen, denen man im Internet bei ihren alltäglichen Verrichtungen zusehen kann.

Ansonsten ist mir vom Kinderprogramm nichts geblieben als Namen von Sendungen, Namen von Ansagern, Fred Schaffer, Peter Machac – ich weiß nicht, was aus ihnen geworden ist. Die unvergeßlichen Bilder sind andere, oft scheinbar belanglose; man weiß nie recht, warum man ausgerechnet diese mit sich trägt, bis man eines Tages erkennt, daß in ihnen etwas vorweggenommen war, daß sie ein Schlüssel waren zu etwas, zu dem man auf anderen, verschlungeneren Wegen gelangen mußte.

Das erste ist der Wetterbericht, den ich so selten wie möglich versäumte. Es war mir ein Spiel zu raten, wer ihn diesmal moderieren würde, der großgewachsene Dr. Reuter oder der kleine, gedrungene Dr. Kletter, die meine frühesten Fernsehstars waren, weil sie mir, wenngleich in ihrem Auftreten stets seriös und akademisch, als ideales Komikergespann erschienen, als Pat und Patachon der Meteorologie, und die mich jedenfalls mehr beeindruckten, als es einer ihrer heutigen, witzig sein wollenden Kollegen jemals hätte können.

Sie waren vor einer Landkarte von Europa plaziert, mit Österreich, scheint mir – aber vielleicht hat da die Wirklichkeit die Erinnerung beeinträchtigt –, als dunklem Flecken im Zentrum, auf welcher, umgeben von Linien und Kreisen, den geheimen Zeichen der Wetterkunde, magnetische Plättchen klebten, jeden Tag in anderer Konstellation, mit einem „H" oder „T" beschriftete Rechtecke oder Pfeile, und hatten sie den Zuschauern in kurzen Worten die augenblickliche Wetterlage erklärt, in jener bis heute unveränderten Sprache, die nichts von Grenzstreitigkeiten weiß und von ideologischen Konflikten, die keine Blöcke kennt und keine Kriege, hatten sie, ganz im Sinne ihrer wertfreien Wissenschaft, Auskunft gegeben, ob das mächtige Hoch über dem Nordatlantik auch zu uns kommen oder das hartnäckige Tief nach Rußland abziehen werde, so wandten sich die Herren Reuter oder Kletter dieser Europakarte zu und griffen, als wären sie nicht Meteorologen, sondern Generäle bei ihren Sandkastenspielen, ein in das Gleichgewicht; streckten die Hand aus nach einem der Plättchen und verschoben es, mit einem Ausdruck des Bedauerns, kam im Sommer ein „T" über unserem Land zu liegen, was während der Wintermonate reinste Freude hervorrufen konnte, so als begänne nur durch ihre Handbewegung der ‚lang ersehnte Schnee' auch schon zu fallen. Zumeist wurde an der jeweiligen Konstellation nicht viel verändert, häufig blieben Verschiebungen überhaupt aus, in anderen, seltenen Fällen aber – und das waren die eindrucksvollsten Augenblicke – wurden sie fast anfallartig vorgenommen, wie in Raserei griffen beide Hände nach den Hochs und Tiefs und ließen nicht wieder von ihnen ab, bevor die gesamte Großwetterlage umgekrempelt war.

Das zweite Bild läßt sich genau datieren, auf den 21. Juli 1969, und es war schon ein Farbbild. Im Team, das die erste Mondlandung moderierte, befand sich – ich habe ihn mit einem Kopfhörer im Ohr in Erinnerung, aber möglicherweise bringe ich auch da etwas durcheinander – ein Herr Dr. Pichler, der „Weltraumprofessor" des ORF, der für die wissenschaftlich-technische Seite der Sensation zuständig war. Vor sich auf dem Tisch hatte er ein Modell der Mondlandefähre, das nahm er manchmal, ganz genau so, wie ein Kind mit einem Plastikflieger spielt, in die Hand und demonstrierte verschiedene Vorgänge, den Anflug, das Aufsetzen und so weiter, und es wäre nicht besonders überraschend gewesen, wenn zuletzt ein winziger Neil Armstrong auf den Studiotisch herabgeklettert wäre, um mit zirpender Stimme seine berühmten Worte zu sagen.

Nur in seiner Frühzeit hat uns das Fernsehen so deutlich gezeigt, auf welche Weise es uns den Blick verkehrt, und nie wieder in solcher Naivität vorgeführt, welche Macht es zu haben wünscht und vielleicht sogar zu haben glaubt. Denn was war es, das wir da sahen, mit den aufmerksamen Augen und der Unvoreingenommenheit der Kinder? Die Bilder aus dem Weltraum waren fern, unscharf – vermutlich war der Mond ja ohnehin die Wüste von Nevada –, das Bodenpersonal in Houston/Texas kannte man als die Statistentruppe in „Raumpatrouille Orion", wirklich wirklich war nur die Studiomannschaft. Der Dr. Pichler mit seinem Spielzeug war uns nah, in unseren Augen war er es, der österreichische Fernsehwissenschaftler, der den „Eagle" auf dem Mond landete, und tatsächlich kann niemand sagen, was geschehen wäre, wäre ihm das Modell aus der Hand gefallen.

Und genauso, wie er kein Moderator war, sondern der wahre Mann am Mond, so waren die Herren Reuter und Kletter nicht einfach Meteorologen im Dienste des Fernsehens, sondern die Wettergötter persönlich, in deren Händen unser aller Schicksal lag, die – sei es aus Schlamperei, sei es aus Bosheit – durch verantwortungsloses Hantieren mit ihren magnetischen Plättchen die schlimmsten Wetterkatastrophen hätten bewirken können. Hätte man damals schon verstanden, was man sah, um den Wunsch des Fernsehens, unsere Wirklichkeit zu werden, schon gewußt: Es wäre nicht bloß Ärgernis gewesen oder Anlaß zum Hohn, sondern geradezu Erlösung, wenn es an einem Tag, für den das Fernsehen Schönwetter prognostiziert hatte, regnete.

„Frühes Fernsehen" ist der ersten von drei Vorlesungen zur Literatur entnommen, die 1989 in der Alten Schmiede in Wien gehalten und im selben Jahr im Verlag Droschl in dem Aufsatzband „Es gibt ein Sehen nach dem Blick" veröffentlicht wurden. Der Text wurde für die vorliegende Anthologie in einigen Details bearbeitet bzw. aktualisiert.

II. Mit Worten gegen die bleierne Zeit

Mittwoch, 9. Dezember 1959
um 20 Uhr

MOZART - SAAL
(Konzerthaus)

ZYKLUS
DIE BERÜHMTE STIMME

RICHARD EYBNER

und die Autoren

F. ACHLEITNER, H. C. ARTMANN, G. RÜHM

lesen aus dem neuerschienenen Dialekt-Bestseller

hosn   rosn   baa

„Hier wird die eigentliche
Kunstgesinnung in der
neuen Wiener Dialektdichtung
ganz offenbar . . ."
Heimito v. Doderer

Sitzkarten von 6 bis 25 Sch.,
Konzerthaus und Kartenbüros.

KONZERTDIREKTION
Dr. THEO CIEPLIK - WIEN

Friedrich Achleitner

„Ab ins Gas"

Nach dem umwerfenden Erfolg des Dialektbandes „med anan schwoazn dintn" (1958) von H. C. Artmann hatte ein Wiener Verleger die Idee, sozusagen im pekuniären Windschatten einen zweiten Dialektband nachzuschieben. Vom H. C. sind einige „härtere" Gedichte in die „schwoaze dintn" nicht aufgenommen worden, von Gerhard Rühm gab es ein Arsenal von makabren Gedichten, die die Spannung zwischen dem weichen wienerischen Dialekt und der bösartigen Thematik zum Zerreißen brachten. Meine harmlosen Innviertlerein bedienten sich ebenfalls eines damals noch nicht sehr gehobenen Wortschatzes. Wir erfanden einen ersten kollektiven Titel „hosn rosn baa", wobei *hosn* für Achleitner, *rosn* für Artmann und *baa* für Rühm stand.

Ich schnitt mit der Schere unsere Profile und der Einband sah wie ein Biedermeiergrabstein aus. Der Band war eine Pleite. Beim „Prachner" und anderen Buchhandlungen kam er nicht über die Schwelle, nicht einmal ein Begräbnis 4. Klasse im Ramsch beim „Bücher Herzog" war möglich. Schließlich wurde die Auflage beim „Gerngroß" um 3,50 Schilling das Stück (dafür bekam man, wenn ich mich richtig erinnere, beim O. K. oder in der WÖK einen Milchreis) verschleudert.

Lois Engländer, unser fürsorglicher Verleger, machte vor dem Untergang noch einen gewaltigen Rettungsversuch: Er war mit Richard Eybner, dem Volksschauspieler, Burgmimen und vor allem Weinheber-Spezialisten, befreundet und gewann ihn für eine repräsentative Lesung im Wiener Konzerthaus in der Reihe „Die berühmte Stimme". Wir trafen im Künstlerzimmer einen lampenfiebernden Großschauspieler, der mit einem dicken Rotstift eine Seite nach der anderen im „hosn rosn baa" durchstrich. Wie wir später erfuhren, war das eine Vorsichtsmaßnahme, dass er nicht irrtümlich beim Vortrag in ein falsches Gedicht geriet.

Uns blieb also wieder der Part für die „härteren" Gedichte, was natürlich auch ein gewisses Vergnügen bereitete. Eybner bestritt den ersten Teil vor der Pause, soweit wir es aus dem Hinterhalt mitbekamen, war der Erfolg mäßig, das Unbehagen des Mimen, „so was" lesen zu müssen, hatte sich vielleicht spontan auf das Publikum übertragen.

Nach der Pause begann von Anfang an der Volkszorn des Eybner-Publikums zu kochen. Wir lasen in alphabetischer Reihenfolge. Wenn ich mich richtig erinnere, begann es spätestens nach

> oa moe
> oa moe richtög
> oa moe richtög schaissn
>
> auf an boisdaddn brödl
> auf an bosdaddn

im Publikum lauter zu werden. H. C. irritierte auch einen Teil seiner damals schon starken Fangemeine gleich mit

wos an weana olas en s gmiad ged:

a faschimpöde fuasbrotesn
a finga dea wos en fleischhoka en woef kuma is
drei wochleid und a drafik
a giatlkafee met dischbost
a schas med qastln
a eadepfösolod
da rudoef koal en da gatehosen
de schdrossnbauinlustriade
a schachtal dreia en an bisoaa
a söbstbinda zum aufhenkn
a zqetschta rola en an autoküla
de muzznbocha med an nosnraumö oes lesezeichn
a schrewagatal en otagrin
a foeschs gebis en da basena
a zbrochns nochtgschia
a r ogschöde buanwuascht
a daunauschdrom zun fiassbodn
a gashau zun aufdran
a kindafazara wossaleichn fosln
wimmalagentn radeschöla konokoatn
a saffalade zun umhenkn
de frau nowak
en hean leitna sei schwoga
en mozat sei notnschdenda
qagln enessechundöö
a radlbadii met dode
es gschbeiwlad fua r ana schdeeweinhalle
und en hintagrund auf jedn foe:

da liawe oede schdeffö!

Bei Gerhard Rühm hatte schon ein Teil des Publikums den Saal verlassen. Zurückgeblieben waren, neben ein paar Freunden (das Binnen-I hatte man noch nicht erfunden), offenbar nur mehr Mitglieder des „Vereins gegen entartete Kunst". Spätestens nach dem Gedicht

Ogrim und gwassad
Haum s as

Ogrim gwassad und
Desinfiziad

Gsoisszn und pfeffad
Haum s as
Dinsd aufdischd und
Gfressn

Zu an seidl bia
Zu an grigl bia

Bis auf d bana ognoggd
Haums as

Di leich
Von bambbfinga edi

brach ein Tumult los. Ich kann mich nur mehr an den Ruf „Ab ins Gas" erinnern. Richard Eybner ward nicht mehr gesehen. Nach Jahrzehnten traf er einmal meine Frau Barbara, die er als Angestellte der Buchhandlung Heger kannte, und fragte sehr lieb, ob sie ihm nicht behilflich sein könne, ein „hosn rosn baa" zu besorgen, er hätte sein Exemplar verloren. Ich schickte ihm einen „Raubdruck", der in den späten sechziger Jahren erschienen war und ebenfalls verramscht wurde.

Womit wieder einmal bewiesen ist, dass die „großen Zeiten" meistens sehr armselig daherkommen.

Gerhard Roth mit Wolfgang Bauer in New York
(Foto: Franz Nabl-Archiv Graz)

Gerhard Roth

Meine erste Lesung

Ich war noch nie vor Publikum aufgetreten – abgesehen von zwei Wolfgang-Bauer-Einaktern, in denen ich im Forum Stadtpark in Graz als Laiendarsteller mitgewirkt hatte. Doch ist es etwas anderes, im Stück eines Freundes als Schauspieler zu agieren, als eigene Arbeiten vorzutragen. Allerdings hatte es damals bei der Premiere einen Zwischenfall gegeben, der Wolfgang Bauer so irritiert hatte, dass er während der Vorstellung ins Freie gelaufen und erst nach einer Viertelstunde wieder zurückgekehrt war: Eine jähe Gedächtnislücke – ein Denksturz, der ein dreidimensionales Nichts in meinem Kopf zur Folge hatte – lähmte mich plötzlich auf der Bühne und ließ mich verstummen. Während meine Mitspieler Horst Zankl und Bernd Fischerauer, später beide Regisseure, ihre Textstellen in verschiedenen Variationen und mit beschwörender Eindringlichkeit wiederholten, wobei sie mir hypnotische Blicke zuwarfen, versuchte ich krampfhaft, den Nachdenklichen spielend, mich aus der lächerlichen Situation zu retten. Sollte ich flüchten? Endlich fiel mir ein Satz ein, der allerdings aus der nächsten Szene stammte, weshalb wir unfreiwillig einen Handlungssprung machten, den aber zum Glück niemand bemerkte. Aus diesem blitzartigen Debakel zog ich keine Konsequenzen, da die weiteren Aufführungen „störungsfrei" verliefen. Ich verspürte aber von nun an vor meinen Auftritten ein heftiges Lampenfieber, genauer gesagt, das Gefühl, ein Delinquent zu sein.

Nach der Veröffentlichung meines ersten Romans lud mich Otto Breicha, der damals, ich glaube mit Kurt Klinger, die literarischen Veranstaltungen in der Österreichischen Gesellschaft für Literatur organisierte, telefonisch zu einer Lesung ein, die er, wie sein Tonfall verriet, für eine alltägliche Sache hielt.

Leichtfertig und ohne das so genannte „Blackout" bei meinem Auftritt als Laiendarsteller zu berücksichtigen, sagte ich zu. Sogleich fasste ich den Entschluss, bei der Textauswahl „intuitiv" vorzugehen: Je jünger das Publikum wäre, desto unverständlichere Passagen würde ich vortragen, das heißt, desto größere Schwierigkeiten würde ich den Hörern zumuten.

Mein Freund, Fritz Königshofer, der wie ich im Rechenzentrum Graz arbeitete, bot sich an, mich, da ich weder Führerschein noch eigenen Wagen besaß, nach Wien zu fahren.

Am Vortag der Lesung, ich hatte sie vollständig verdrängt, rief mich Otto Breicha an und erinnerte mich an die Veranstaltung, außerdem fügte er hinzu, dass der KURIER kommen würde, wie um mich zur Höchstleistung anzuspornen. Das leuchtete mir allerdings nicht ganz ein, denn ich hatte den Roman ja längst geschrieben – und was sollte da eine Lesung noch verbessern oder verschlechtern? dachte ich.

Königshofer hatte auf seinen Dienstreisen in Duty-free-Shops verschiedene Schnäpse gekauft und eine angebrochene Flasche *Dimple*-Whisky lag „für alle Fälle" im Handschuhfach.

Als wir am nächsten Tag die Stadtausfahrt erreichten, erlitt ich eine mittelschwere Panikattacke: Ab jetzt gab es kein ZURÜCK mehr und vielleicht hätte ich doch besser ein bestimmtes Kapitel, einen bestimmten Abschnitt einstudieren sollen. Andererseits hatte ich das Buch ja selbst geschrieben, wer verbot mir also, mich wie ein Jazzmusiker zu verhalten und zu improvisieren? (Das war ein unklarer Gedanke, denn ich hatte natürlich nicht beabsichtigt, meinen Text frei von der schriftlichen Vorgabe nachzuerzählen, sondern nur das Verständnis des Publikums bis zum Äußersten zu erproben.)

„Nimm einen Schluck gegen die Angst", sagte Königshofer, der manchmal meine Gedanken las.

Königshofer war ein Autonarr, ein Geschwindigkeitsfanatiker im Unterschied zu mir, der ich die Raserei hasse.

„Welche Angst?", fragte ich gleichgültig.

„Vor der Lesung", antwortete Königshofer und überholte einen Lastwagen mit Anhänger unmittelbar vor einer Spitzkurve. Dabei schoss es mir urplötzlich durch den Kopf, dass mir ein Unfall die Lesung ersparen würde. Es gab demnach keinen Grund mehr, vor gefährlichen Situationen zu erschrecken.

Ich griff nach der Flasche *Dimple* und nahm einen Schluck. Ich war es nicht gewohnt, Whiskey zu trinken, aber als ich wieder besser Luft bekam und der Schüttelfrost, den der Ekel ausgelöst hatte, sich verflüchtigte, fühlte ich mich wohler. Ich sah mich jetzt in der Rolle des Trinkers und nicht in der des Schriftstellers, den ein Auftritt erwartet.

Nach dem vierten Schluck gefiel mir sogar die Geschwindigkeit besser und mit dem fünften oder sechsten ging mir bereits alles zu langsam. Euphorie überkam mich und ich bildete mir ein, wir würden jetzt lange so dahinfahren … endlos … Wien kam nicht näher, sondern rückte in immer weitere Ferne.

Als ich bis auf einen unscheinbaren Rest den Inhalt der Flasche geleert hatte, hielt Königshofer es für angebracht, an einem Gasthaus zu halten, damit wir etwas zu uns nehmen könnten. Wir waren beide im Büro nicht zum Essen gekommen, ich war jedoch nicht hungrig. Ich wollte meinen Freund nicht gegen mich aufbringen und bestellte einen Teller Suppe mit einem großen Bier, was Königshofer missbilligte. Er erlitt einen Anfall mütterlicher Besorgtheit. Ich suchte daher die Toilette auf und nahm an der Theke noch rasch einen doppelten Obstler, bevor ich zurückkehrte. Als Königshofer dann zur Toilette verschwand, trank ich den Rest des ersten Bieres aus und bestellte eilig ein zweites, wobei ich ungeduldig auf die Uhr deutete. Das Bier kam gerade rechtzeitig, so dass ich das große Glas zur Hälfte leeren konnte und Königshofer glaubte, es sei noch das erste.

„Trink endlich dein Bier!", rief er ungeduldig, bevor er Platz nahm. „Wir müssen fahren!"

Ich schüttete das zweite Bier hinunter und folgte dem unwilligen Freund in den Wagen.

Bei Wr. Neustadt war die *Dimple*-Flasche gänzlich geleert, aber je näher wir Wien kamen, desto stärker verspürte ich eine Form von Angst, wie ich sie nur aus der Kindheit kannte. Wien war eine dunkle, schwarze Krake, die mich bei meiner Lesung verschlingen würde.

In den Räumen der Gesellschaft für Literatur erwartete uns Otto Breicha ungeduldig. Da er mich sofort instruierte und sich also mit seinen Instruktionen beschäftigte, übersah er meinen Zustand der Benommenheit, während mich der streng gescheitelte Herr Klinger in Sakko und Krawatte aus dem Halbschatten einer angelehnten Tür unauffällig observierte.

Breicha war aus irgendeinem Grund begeistert und sagte, dass die Veranstaltung gut besucht sein würde, auch Herr Schneider sei bereits eingetroffen, der mit H. C. Artmann ein

Buch herausgegeben habe und mit mir gemeinsam lesen würde. Dieser Umstand erleichterte mich, denn dadurch würde meine Lesung kürzer ausfallen.

Allmählich verringerte sich das Gefühl der Angst und ich spürte, wie ich willenloser wurde.

Breicha führte uns in ein kleines, spärlich möbliertes Hinterzimmer, in dem ein gedeckter Tisch mit zwei Doppelliterflaschen Rosé- und Rotwein standen. Er riet mir, während Königshofer energisch ablehnte, etwas zu trinken, zum Rosé, der „aufputschen" – während der Rotwein „schläfrig", wie er sagte, machen würde.

„Das fehlte gerade noch, dass du während der Lesung in Trance fällst", scherzte er, während er den Rotwein wegstellte und den Rosé, es war ein so genannter *Uhudler,* einschenkte, ein im Allgemeinen gefürchteter, von Spezialisten aber als besonders „herb" gelobter Direktträger, der angeblich bei Exzessen zu Sehfehlern bis zur Erblindung führt.

Zum ersten Mal wurde mir die Gefahr bewusst, dass ich, wenn sich alles gegen mich verschwor, die Besinnung verlieren könnte. Vor allem die Kombination von *Dimple,* Bier, Obstler und *Uhudler* erschien mir wie eine Verschwörung, weniger vom Alkoholischen her als vom Sprachlichen. *Dimple* klang nach Beschränktheit, Obstler einfältig und mit *Uhudler* assoziierte ich seltsamerweise eine inzwischen eingestellte Straßenbahnlinie. „*Uhudler* Nr. 7 nach Obstler … *Dimple,* alles aussteigen!", hörte ich eine Stimme in meinem Kopf.

Wir leerten rasch den *Uhudler*-Doppelliter und bevor wir noch zum Rotwein wechseln konnten, betraten wir den gut besuchten Lesesaal.

„Dort vorne sitzt die Journalistin vom KURIER", raunte Breicha. Ich nahm neben Schneider auf einem Stuhl Platz und registrierte, dass Breicha eine Ansprache hielt. Dann erriet ich, dass ich selbst es war, über den er sprach, und aus dem trockenen Applaus, der klang, als würde knackend Holz gebrochen, schloss ich, dass nun die Lesung begann.

Es stellte sich heraus, dass ich anfangen sollte.

Ich schlug das Buch auf, starrte die Buchstaben an, und wieder erlitt ich einen Denksturz wie auf der Bühne im Forum Stadtpark und das dreidimensionale Nichts herrschte in meinem Kopf. Es war vollkommen still geworden.

Die Stille nahm paradoxerweise noch zu, während ich planlos im Buch blätterte und keine Ahnung hatte, was ich suchte. Sollte ich eine frei improvisierte Rede halten? – schoss es mir durch den Kopf. Aber worüber? Es gab nicht einmal den Blütenstaub einer Idee … vielleicht sollte ich lächeln?

„Hier …!", hörte ich mich sagen. Dabei deutete ich auf einen Absatz, den ich unerwartet erblickte. Der Alkohol schoss mir zugleich so heftig in den Kopf wie das Wasser in den Riss des Buges der „Titanic".

Die Wucht der Lähmung löschte – wie mir schien – meine Fähigkeit zu lesen vollständig aus. Wackelnde Zeilen, Buchstaben, Wörter, die es nicht gab … schon ohne Vorbereitung war es mir in der Regel nicht möglich, einen Text ohne Zeilensprünge und Wortverstümmelungen zu lesen … aber jetzt erst!!!

Wie Champollion die Hieroglyphen des Steins von Rosette, entzifferte ich mühsam Buchstaben, Silben und Wortteile, über die mein Blick hinwegwischte. Konnte es noch stiller im Saal geworden sein? Ich arbeitete mich in der alles umfassenden Stille weiter vorwärts. Ich war davon überzeugt, dass man mich für einen Schwerkranken hielt, einen Apoplektiker vor dem nächsten Schlaganfall oder jemanden, der an einer schweren Sprachbehinderung litt.

In die Totenstille hinein entzifferte ich laut, was ich selbst nicht verstand. Natürlich verlas ich mich häufig. Manchmal besserte ich mich aus – das falsche Wort wieder falsch richtig stellend, bis ich resigniert den Satz übersprang. Das Publikum verhielt sich außerordentlich so still, als erwartete es mit Spannung das Weitere. Im vergeblichen Kampf gegen das Lallen war meine Lesung vermutlich inzwischen eher zur Lallung geworden. Längst hatte ich auch die Zeilenorientierung verloren, und in meinem Todeskampf betrachtete mich das Publikum allmählich mit zusammengekniffenen Augenbrauen und steinernen Gesichtszügen und – ich bin sicher, dass ich mich nicht täusche – einer zurückhaltenden Abscheu, als beobachtete es angestrengt kopulierende Nacktschnecken in einem Salatbeet.

Mitten im Satz verstummte ich … ich hob den Kopf und nickte zum Abschluss, aber niemandem kam – wenn man es so nennen darf – ein Klatschen über die Handflächen. Auch die Gesichter veränderten sich nicht.

Schneider neben mir applaudierte kameradschaftlich, aber ohne ansteckende Wirkung. Ich hatte höchstens 15 Minuten vorgetragen, mit großer Intensität, aber sogar mir selbst unverständlich.

Heute finde ich, dass ich mein Ziel erreicht hatte: etwas Unverständliches vorzutragen, das von mir stammte und das Publikum verwirren sollte. Nur damals wusste ich es noch nicht.

Schneider war übrigens glänzend. Er spürte, was die Leute wünschten, deren Mienen sich langsam aufhellten. Ich wollte auch etwas von der Freundlichkeit, die ihm dargebracht wurde, abbekommen und lachte lauthals, sobald die Zuhörer lachten, doch hatte ich nicht den Eindruck, dass das jemanden kümmerte. Nebenbei gesagt verstand ich von dem, was Schneider las, nur die Hälfte, da ich ziemlich damit beschäftigt war, nicht vom Stuhl zu kippen.

Otto Breicha raufte sich anschließend am Gang die Bürstenfrisur.

„Hast du noch nie eine Lesung gehört?", fragte er mich.

Ich erwiderte mit lahmer Zunge, dass ich schon Heimito von Doderer im Hörsaal der Technischen Universität Graz und H. C. Artmann im Heimatsaal erlebt hätte.

Ich bin mir nicht sicher, ob Breicha meinen Ausführungen folgen wollte.

„Na und! Hast du nichts daraus gelernt?", fragte er verärgert weiter. Er forderte mich unwirsch auf, etwas zu unterschreiben, was ich willenlos befolgte, ohne meine Unterschrift wieder zu erkennen.

Er würde selbst mit der Journalistin vom KURIER reden, fuhr er fort, sie habe sich für ein Interview nach der Lesung angemeldet und warte draußen mit einem Tonbandgerät und einem Fotografen. „Ein Wahnsinn", schloss er und schob mir etwas verächtlich, wie mir vorkam, das Honorar hin.

„Es war saumäßig", sagte Königshofer im Auto, während wir durch die Nacht rasten.

Ich fragte ihn umständlich, wie er glaubte, dass die Kritik im KURIER sein würde, aber er verweigerte mir die Antwort. Auch als ich die Frage wiederholte, hüllte er sich in Schweigen. Er wollte nirgendwo mehr stehen bleiben und mit mir das Honorar verjubeln, so oft ich ihn dazu einlud.

Was der KURIER geschrieben hat, weiß ich nicht mehr, ich glaube, ich kam in der Kritik überhaupt nicht vor. Manchmal allerdings vermeine ich mich zu erinnern, dass etwas von „verwirrend" darin stand, aber alles in allem lehrerhaft streng und ernst ausgedrückt – doch schlechte Kritiken vergisst man am besten.

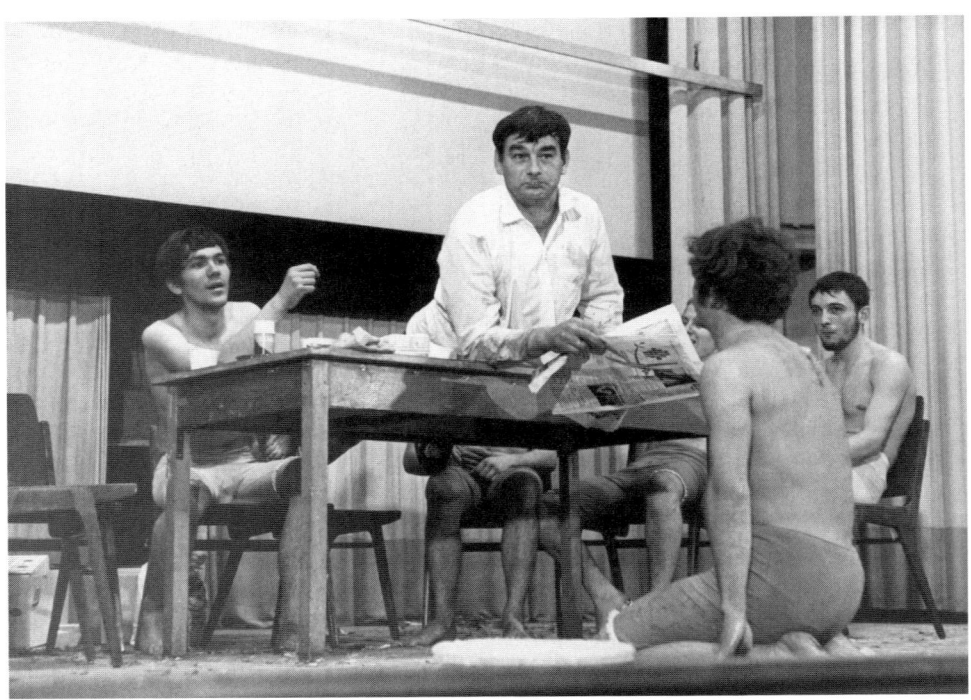

Happening im Wiener Porrhaus mit Günther Brus, Otto Mühl u. a. (1967)
(Foto: Votava)

Peter Turrini

Gedicht ———————————————————

Ich denke
wir sollten aufhören
uns darüber zu streiten
wer mit seinen Bedürfnissen
recht hat.

Ich schlage
die Gründung
von sogenannten Bedürfniswochen
vor.

Eine Woche
mache ich alles
was du willst.

Die Woche darauf geschieht
was immer ich will.

Ausgenommen
sind lediglich
schwere Körperverletzungen
und erhebliche berufliche Beeinträchtigungen.

Das Zeitalter der Miniröcke
(Foto: Votava)

Wilhelm Pevny

Meine 60er

Meine 60er, die eigentlich von 1965 bis 1975 dauerten, waren d i e Zeit! – Von der entsetzlichen Mittelschule zur befreienden Uni, von der Kubakrise (wo es für uns alle schon „Tilt" machen hätte können) zu Vietnam (penetrant verfälscht und mächtig US-gefärbt von den „objektiven" Medien). – Einige Jahre zuvor noch auf der Pritsche im Gänsehäufel, von einer Flamme zur anderen schwärmen, aus den Lautsprechern dröhnt „Autofahrer unterwegs", und irgendwo im Hintergrund die ständigen Spielchen zwischen den guten Amis und den bösen Russen, aber plötzlich – ein Knall! – war alles Berkeley und Paris, und wir waren mittendrin.

Mit einem Mal hieß es: Statt Petticoat, Minirock! Statt Ollagummi und Verklemmung: Antibabypille und Sex! Statt der engen Kirchenbank: die breite Matratze in der WG! Statt fein säuberlichem Topfhaarschnitt und wasserstofftoupierter Taftbombe: lange Haare (natürlich „ungewaschen") und die Frauen mit einem schlichten Mecki! Und jede Menge Hoffnung, Perspektive, Utopien; jetzt nur noch die klammen Reste der Nazizeit abstreifen und den zerkauten Kaugummi ausspucken, und dann ist alles möglich!

Schluss mit dem Eigentum (vor allem, was die Menschen betrifft: Eifersucht, was ist das?), Schluss mit der Trennlinie zwischen Mann und Frau, Schluss mit der Lustfeindlichkeit und Obrigkeitshörigkeit, Schluss mit dem Militarismus und der Ausbeutung der Dritten Welt! And let's play the music, and pass over the joint!

Wunderbar. Alles war auf den Straßen, alles ging wie geschmiert. Wenn …, ja wenn da nicht das Geschirrabwaschen in der WG gewesen wäre! Und dass das eine Zimmer schöner war als das andere („Wieso sollen Robert und ich für unsere hässliche Rumpelkammer genauso viel wie Beate und Gerti für ihr wunderschönes Eckzimmer bezahlen?" – „Sei doch nicht so besitzfixiert, Rudi!"). – Und was für die eine Latzhose dreckig war, war für die andere noch lange sauber („Ehrlich, du solltest deinen Reinlichkeitswahn einmal hinterfragen, Alex")! – O. k. Vielleicht doch ein bisschen Privatsphäre? Vielleicht doch ein bisschen Abgrenzung, und Hände weg von meiner Frau? – Wilhelm Reich schüttelte mahnend den Kopf. Nein, natürlich ruderten wir nicht zurück, und falls doch, so konnten wir es erklären, denn wir konnten alles erklären. Vor allem werten und schubladisieren konnten wir es: Das, was du sagst, ist spießig, also kleinbürgerlich, das, was der Michi sagt, spontananarchistisch (also auch kleinbürgerlich), du, Angie, redest wie Kautsky (igitt, ganz und gar kleinbürgerlich), deine Argumente klingen revisionistisch (mit einem Wort: kleinbürgerlich). – Womit die Herkunft der meisten von uns restlos geklärt war. (Wohl dem, der einen echten Arbeiter in seinem Stammbaum – am besten als Vater – vorzuweisen hatte!)

Irgendwann (ab 75) war es dann mit der Euphorie vorbei. Die Dinge wurden konkret. Allmählich türmte sich eine Mauer auf (eine andere wurde viele Jahre später woanders weggesprengt, eine, welche manche von uns ziemlich lange trotzig zu verteidigen glauben mussten, aber das ist wieder eine andere Geschichte, siehe „objektive Medien" oben). – Es ging ans Geldverdienen. Einige waren mittlerweile Väter und Mütter geworden. Der lange Weg durch die Institutionen begann: Also servus, Genosse, halt die Ohren steif, tschüss, Genossin, hoffe, wir sehen uns wieder am anderen Ende des Tunnels, erinnert ihr euch noch an die Demo gegen den Schah, und an den nackigen Badeurlaub in Mali Lošinj? Vergesst es nicht auf eurem langen Marsch (verliert die Mao-Bibel nicht!), also machts gut, mal sehen, was von uns übrig bleibt …

Voilà. Wir scheinen am anderen Ende angekommen zu sein. Erkennen wir uns wieder? Nicht mehr ganz so schlank, nicht mehr ganz so jung und nicht mehr ganz so frech, vielleicht sogar ein wenig zerzaust, oder – im Gegenteil – sogar stolz und smart? – Ich hoffe, es geht euch gut und ihr seid noch alle da. (Übrigens: Ich geh jetzt wieder ins Gänsehäufel …)

© Wilhelm Pevny

Christian Wallner

Zusatzpension für Altachtundsechziger? ────────

Obschon sich unter Schwarzblau eher die Frage „Zusatz zu was?" stellt, werden absehbar viele große Revolutionäre aus meiner Generation wohlbestallt in den Ruhestand treten. Sie sind was geworden: Maoisten, Buddhisten, Trotzkisten, Musikkritiker, Leninisten, Unternehmensberater, Linkssozialisten, Hofräte. Einer verändert die Umwelt – mit seiner Baufirma, zwei sind Grün-Sprecher, drei sind Bürgermeister in Kleinstädten, vier bevölkern den Journalismus, ein paar haben Lehrstühle, mehrere landeten in der AK. Fordere ich auf der Bühne „Völker, hört die Signale!", antworten fortschrittliche Lehrer und aufgeklärte Zahnärzte ironiebegabt: Moment, wir haben ja unsere Handys gar nicht eingeschaltet! Satire ist die Waffe der Ohnmächtigen. Es bleibt verdammt hart, Standardfragen an „Krone"-Leser zu stellen. Ich halte es dennoch für keinen Zufall, dass der Begriff „Rechtsintellektuelle" im heimischen Sprachgebrauch nicht auftaucht. By the way: Gibt es eigentlich auch „Jung-68er"?

„Achtundsechziger", das geht nach wie vor als Gespenst um im Feuilleton, das klingt auch heute noch nach Legende – irgendwo zwischen X. Legion und Roten Garden.

Neulich trafen sich 11 grauhaarige, eher beleibte Herren verbissen zu einem lockeren Kick gegen jüngere Popmusiker: Vorm Anstoß verschworen wir uns mit einem marlborogeschädigten „Venceremos!". Es reichte für ein schmeichelhaftes Unentschieden. Ab 50 wird alles schneller, nur man selber nicht. Wenigstens nimmt das Langzeitgedächtnis zu. Die Jungen nahmen Bier und Tequila, wir feierten bis vier mit alten Riojas.

Sex, drugs and Rock 'n' Roll: Was ist davon geblieben? Sechsertragerl, Multibionta und Mountainbike. Auf älteren Fotos sieht man immer jünger aus: Mein 19-jähriger Sohn grinst über die Felljacke aus den 70ern, das Käppi mit dem roten Stern, die geballte Faust und die schulterlangen Haare. Er kennt mich nur mit Halbglatze. Immerhin ist mir aus jener Zeit der Sit- und Teach-ins an der Salzburger Uni, aus den Tagen der Demos gegen Bundesheer und US-Imperialismus ein Grass-Schnauzer geblieben. Und mit meiner Studentenliebe feierte ich vor ein paar Jahren Silberhochzeit – in den besten Lokalen Venedigs. Verirren wir uns mit alten (mehrfach geschiedenen) Freunden in einen der Clubs, in denen unser Junior Hip-Hop abtanzt, bestellen wir beim Mann an den Turntables trotzig wie vergeblich Rolling Stones oder „irgendwas aus Woodstock". Dann raunen sich die Türsteher zu: „Jetzt kommen sie schon zum Sterben hierher!"

Ich kann mich kaum an eine WG-Klotür erinnern, auf der nicht Frank Zappa auf'm Klo klebte. Überm Sofa hingen – wahlweise – Che, Mao oder Poster der Pariser Studentenrevolte. Als nirgendwo fraktionell organisierter Individual-Anarcho war ich stolz auf mein Marx-Engels-Lenin-Stalin-Plakat mit dem verfremdeten Bahn-Werbeslogan „Alle reden vom Wetter. Wir nicht". Ich wohnte nicht in einer WG, weil ich schon damals eine völlig undialektische Vorstellung davon hegte, wie Zahnpasta-Tuben aufzurollen seien. Mein Studentenheim gehörte der „Wirtschaftshilfe für Arbeiter-Studenten", beherbergte aber hauptsächlich Kinder kleiner Beamter und Angestellter. Sein Leiter, nachmaliger Politolo-

„Born to be wild": Christian Wallner in kleidsamer Felljacke anno 1969
(Foto: privat)

gie-Assistent, leitete später die Parteiakademie der SPÖ. Wir aufstiegsbeflissenen Stipendienbezieher wappneten uns mit Parka, langen Mähnen und Hammer-und-Sichel-Buttons gegen die kleinbürgerlichen Milieus der Elternhäuser, Salzburgs und unserer Uni-Institute. Eine der ersten (häuslich-revolutionären) Aktionen bestand in der Emanzipation vom seinerzeit noch gültigen „Kuppelei-Paragrafen": Genossinnen und Genossen hoben über Nacht die strikte Geschlechter-Trennung nach Stockwerken auf und wohnten fürderhin bunt gemischt (einander bei). Peter Henisch, mit dem ich – neben Gustav Ernst, Helmut Zenker u. a. – damals das Wiener „Wespennest", Zeitschrift für „brauchbare Texte und Bilder" redigierte, schrieb dazu den passenden Satz: „fick schneller, genosse, das alte ist hinter uns her!"

In Hush-Puppies besetzten wir später nach Berliner Vorbild das barocke Rektorat und skandierten abwechselnd „Unter den Talaren: Muff von 100 Jahren!" und „Bürger komm auf den Balkon(g), unterstütz den Vietcong!" – vermutlich ein Satire-Slogan aus „Pardon" oder „Titanic". Ich veröffentlichte stolz Gedichte und Aufsätze im „Neuen Forum" und im „Wr. Tagebuch". Mit Nenning, seinerzeit noch ideologisch zurechnungsfähig, trat ich österreichweit im Rahmen des „Anti-Bundesheer-Volksbegehrens" auf: Anti-Kriegs-Texte von Brecht über Fried bis Wallner vortragend. Das trug mir immerhin einige Nachfragen der Staatspolizei ein, was die Verschwörer-Erotik förderte. Nachdem ich mit dem ehrenvollen Abschneiden bei der Studenten-WM meine Handballschuhe an den Nagel gehängt und mit Chianti-Trinken begonnen hatte, war jede Agitations-Rundreise auch après lustvolle „Action indirect". Einige meiner politischen Freunde agierten direkter: Sie ließen am Salzburger Residenzplatz buchstäblich die Sau (wir hatten sie „Jolante" getauft) raus – mitten in die feierliche Angelobung von Jungmännern. Unvergesslich, wie irgendein Offizier mit weißen Handschuhen das eingeölte, quiekende Ferkel nicht zu fassen kriegte, während wir hinter den Absperrungen prügelnde Polizisten und drohende Alt-Nazis mit einem herzhaften „Bundesheer ist ungeheuer: erstens Scheiße, zweitens teuer" fernzten. Als ein paar – wie meistens: unbeteiligte – Kommilitonen verhaftet wurden, wanderten wir (zwei Dutzend) zur Wachstube und bestanden vor ihr lautstark darauf: Unser Klaus muss raus! Um uns zu „zerstreuen", bedurfte es keiner Wasserwerfer wie in Frankfurt, sondern nur einer Abordnung von Polizeischülern. (Heute zahlen wir Abfangjäger kampflos.)

Als Meilenstein der „Befreiung der Universitäten" empfand ich die Unterwanderung eines Totalitarismus-Seminars von Erika Weinzierl, das wir in einen marxistischen Schulungskurs anhand der Theorien von Adorno, Fanon und Marcuse umfunktionierten. Als meine liberale Doktormutter aber in Tränen ausbrach, war ich doch wieder weich und dafür, dass auch CVer referieren durften: um ihre falschen Standpunkte gnadenlos aufzudecken. Ich gebe gern zu, dass mein damaliger Glaube, analytisch schärfer, dogmatisch entspannter und politisch vifer denken zu können, kaum abgenommen hat. Unsere – nie unwitzigen – „Gegenreferate" sind heute Stoff für Magisterarbeiten. (Die in Grund und Boden Kritisierten aber sitzen – Gott, Kreisky und der linke Flügel der SP, so es ihn je gab, sind tot – längst in Schlüsselreferaten von Land und Bund.)

In der – „unneurotisch" gepflegten, also ewig versauten – Küche des Studentenheims ging es unter der versammelten Linken oft bis ins Morgengrauen nicht minder heftig zu: Obwohl (oder: weil) in diesem roten Heim der „Verband der Sozialistischen Studenten" das Sagen hatte, setzte es Schreiduelle, wenn bei einer Überzahl von Eierspeis kochend linientreuen Moskau-Fans zwei einsame Trotzkisten total reaktionär andeuteten, die III. Internationale wäre fortschrittlicher als die zweite gewesen. Dabei hätten sie nach fünf Minuten des Kauderwelsch wissen können, wer hier den Tisch besetzt hatte: die „Banner-Wörter" identifizierten jede Gruppierung. Mir warf ein Maoist einen schweren Aschenbecher nach, als ich – großer Bakunin-, Bloch- und Feyerabend-Freund und somit lebhafter Provokateur sämtlicher Glaubensfraktionen – dem gesamten Salzburger „MSB", also 15 Leuten prophezeite, die Halleiner Papierarbeiter würden sich mit den Flugblättern, die sie zur Frühschicht an sie verteilten, den Arsch wischen. (Da ich sommers in einer Papierfabrik gearbeitet hatte, verstand ich Hilfsarbeiter besser als geschulte Pekinesen.)

„Lasst tausend Blumen blühen": Daneben und dazwischen gab es in jener Küche eine kleine, stille Runde, die sich regelmäßig zufällig traf. Sie diskutierte, zwanglos von Spaghetti essenden Dissertanten angeregt, hauptsächlich über Philosophie und Literatur. Heute denke ich, dass ich ihr mehr verdanke als der Uni. An diesem fleckigen Resopaltisch kamen nächtelang Hegel, Bloch, Freud, Adler, Reich und alle neuen Theoretiker der Intelligenz-Spedition Suhrkamp zur Sprache, dazu die DichterInnen von Kraus und Musil über Stein und Bachmann bis Walser und Jandl zur Debatte. (Allein die vage Erinnerung an jene diskursive Aneignung von wirklicher „Bildung" entmündigt auf der Stelle die Ministerin auf der Mattscheibe, die zurzeit zu wissen vortäuscht, wie diese entstehen könnte …)

Die rhetorische Kompromisslosigkeit im Ideologischen korrespondierte mit der affektiven Kompromiskuität im Privaten: Was nicht rechtzeitig auf dem Baum ist, liegt unter mir – lautete der Male-Jargon auf Institutsfesten. Nach einer gescheiterten Verlobung mit der schönsten Geschichte-Studentin meines Semesters, die heute einen eigenen Lehrstuhl hat, konnte das jederzeit auch eine Braut des „Rings Freiheitlicher Studenten" sein, sofern sie nur attraktiv auf mich wirkte. Der Klassenkämpfer kennt diesbezüglich bekanntlich keine Vorurteile. Lieber verkehrte ich aber in einer WG von linken Frauen, deren „Vierte" ich schließlich zum ersten (und letzten Mal) heiratete. Sie nähte mir '72 mit ihrer (und meiner) Freundin eine große Vietcong-Fahne, die ich anlässlich eines Nixon-Besuches gegen die angeordnete US-Beflaggung Salzburgs aus meinem Studentenheim-Fenster hängte. Während meine Fahnenschneiderin bei der Besetzung des Rollfeldes blauschwarz geprügelt wurde, delogierte mich der rote Heimvorstand. Das Politische vermittelt das Private: dem, dass Jeanne d'Arc und ich zusammenzogen, verdankt unser späterer Sohn eine aufklärende Sozialisation …

In dieser Frauen-Wohngemeinschaft traf ich auch einen schwarzlockigen Erstsemestrigen, auf den eine Mieterin scharf war. Zur politischen Debatte trug er bei, was in unseren geschulten Ohren arg nach mittelschulmäßigem Linkskatholizismus klang. Ich riet ihm, unbedingt eine Schulung in dialektischem Materialismus zu belegen. Dieser Kurs muss derart nachhaltig gewirkt haben, dass der Mann alsbald die Nachfolge von Muhri als Vorsitzender der KPÖ antreten konnte.

Ich gewann bloß – anonym – einen Lyrik-Wettbewerb der „Österreichischen Studenten-Union", worauf mir ihr Boss, jetzt Landeshauptmann von Salzburg, öffentlich einiges Geld überreichen musste. Ich stiftete es, in Fransenjeans unter Trachtenjoppen, in der Lockerheit meiner Armut der „Vietnamesischen Befreiungsfront". Als ich den Trakl-Förderungs-

Erste Love-Ins
(Foto: Votava)

preis für weitere Gedichte bekam, zahlte ich meine Schulden. Das Restgeld reichte aus, mir eine Stelze und einen Grand Cru aus dem Bordeaux zu kaufen – später Nachhall der Eintragung von Marx im Gästebuch von Engels: „Vorstellung von Glück: Margaux 1848". Als Urenkel der bürgerlichen Revolution habe ich diesen Wein damals nicht mit den GenossInnen am Küchentisch des Studentenheims geteilt …

Heute fahre ich, ökologisch nachhaltig abgesichert, Jaguar. Wen von den Jungen aber sollte meine Teilzeit-Biografie überhaupt interessieren? „Die Achtundsechziger" sind für sie Geschichte, also knapp an der Frühpension oder vermeintlich sonstwie tot. Zugegeben: Wir haben es nicht geschafft, die Welt zu verändern. Das wäre gewiss nützlicher als die Tatsache, dass ich sie weitaus besser als etwa die Wähler dieser Regierung interpretieren kann. Mal sehen, ob aber nicht selbst das über den 68. Geburtstag hinaus wirkt. Noch werken viele meiner Generation: Das Leben ist zwar hart – aber wir sind die Antwort darauf.

III. Ein neues Lebensgefühl

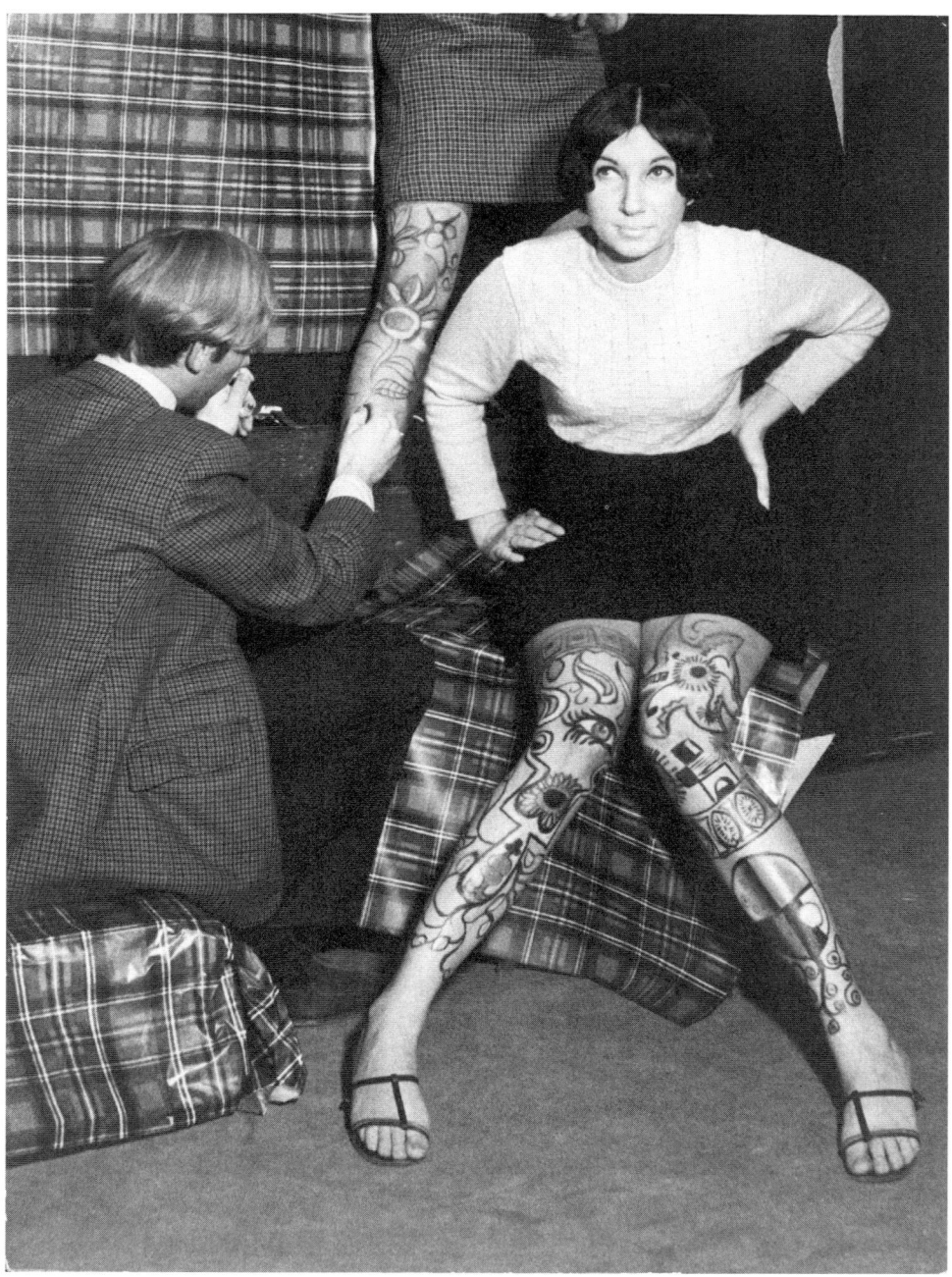

Beatclub MASKE 25 kürt das Mädchen mit den best bemalten Beinen
(Foto: Votava)

Roland Girtler

Die Freude an der Freiheit – das Abenteuer der sechziger Jahre – nach Klosterschule und Juristerei die Faszination des Forschens ⸻

Die sechziger Jahre waren das Abenteuer meines Lebens, sie schlossen an Zwänge der Klosterschule an, unter denen ich auch zu leiden hatte, an denen ich aber auch gewachsen bin. Ab Mitte der sechziger Jahre erlebte ich als Student eine Freiheit, die mich bewog, mich mit dem Leben und der Geschichte der „kleinen Leute", vor allem mit fahrendem Volk und echten früheren Bauern, die mich seit meiner Kindheit faszinieren, an der Universität zu beschäftigen. Meine Kindheit und frühe Jugend in den Nachkriegsjahren war eine bunte, zu ihr gehörten Bauernbuben, einige fesche Mädchen, unter ihnen unsere Nachbarin, berüchtigte Wildschützen, amerikanische Besatzungssoldaten, die uns Buben Schokolade schenkten und uns in einem Ring boxen ließen, Ungarnkinder, ihre Eltern waren mit dem Schatz der ungarischen Nationalbank hierher gelangt, und die Kinder von Flüchtlingen aus dem Banat, die berüchtigte Raufer waren.

Das „bürgerliche" Vorspiel und Überleben in der Klosterschule

Eines der Schlagworte der späten sechziger Jahre, vor allem ab 1968, war das der „Bürgerlichkeit". Jemanden als „bürgerlich" zu bezeichnen, war so etwas wie ein Vorwurf oder eine Beschimpfung. Jeder, der etwas gelten wollte, gab sich als „antibürgerlich". Ich konnte mit „bürgerlich" und „antibürgerlich" nicht viel anfangen, schließlich kam ich als Sohn eines Landarztes und einer Landärztin im oberösterreichischen Gebirge aus einer nicht ganz zuordenbaren Welt. Meine Eltern waren wohl brave „Bürger", jedoch es waren vor allem Bauern, mit denen sie zu tun hatten und mit denen wir Buben aufwuchsen. Zu meinen Vorfahren gehören ebenso Bauern und Bürger, verwegene Krieger, aber auch Abenteurer.

Eine meiner Urgroßmütter stammte aus der Bretagne, darauf war sie stolz, sie fühlte sich als Keltin. In Wien lernte sie unter dem Regenschirm meinen Urgroßvater kennen, der übrigens, er war im Generalsrang, in Sarajevo den ersten k. u. k. Postautobus einführte. Diese meine Urgroßmutter war eine schöne Frau, sie war die Tochter eines französischen Generals, der einem Feldmarschall eine Ohrfeige gab, weil dieser eine Frau als „leichte Dame" bezeichnet hatte. Ihr Großvater hatte den Afrikafeldzug Napoleons als Offizier mitgemacht. Ein Vorfahre meiner Urgroßmutter soll Jacques Cartier gewesen sein, der als Pirat Kanada im Namen des französischen Königs in Besitz nahm. Ich habe daher meiner Urgroßmutter als Nachfahrin eines Piraten mein Buch über „Wilderer" gewidmet.

Von meiner Geburt her bin ich eigentlich Wiener, ich entstamme einer alten Wiener Familie, ich bin 1941 in Wien-Ottakring geboren worden. Ein Girtler fand sich übrigens unter den Rebellen gegenüber monarchischen Zwängen im Freiheitsjahr 1848.

In den Wirren der Nachkriegszeit landeten meine Eltern als Ärzte in einem Dorf im Gebirge, und zwar in Spital am Pyhrn. Meine Kindheit war eine wilde, frei streifte ich mit meinen Freunden durch die Wälder und über die Berge. Die Schule interessierte mich nicht. Die Noten waren entsprechend.

Diese Freiheit der Nachkriegszeit wurde jäh beendet, als mich meine Eltern in die Klosterschule nach Kremsmünster steckten, die voll des Zwanges war. Uns war dort so ziemlich alles verboten. Trotz vieler Verbote entwickelte ich Strategien, diese zu durchbrechen. So traf ich mich mit Mädchen, obwohl dies streng verboten war. Damals gab es noch keine Tanzschule für uns Klosterzöglinge, aber dennoch nahm ich einmal im Ort, nachdem ich über ein Barockgitter und die Stiftsmauer geklettert war, an einem Ball teil. Wäre man mir dahinter gekommen, ich wäre sofort aus Konvikt und Schule gefeuert worden. Die Rock and Roll-Musik der fünfziger Jahre, die meinen Erziehern zutiefst zuwider war, hatte vielleicht gerade darum für mich eine besondere Faszination.

Zum Studium nach Wien – die Suche nach Freiheit

Nach der Matura 1959 zog ich nach Wien zum Studium. Die sechziger Jahre waren angebrochen. Auf Wunsch meines Vaters hatte ich mich dem Jusstudium zu widmen. Die Zwänge dieses Studiums mit langweiligen Proseminaren und gefährlichen Prüfungen, bei denen mir die Prüfenden als unnahbare teuflische Götter erschienen und vor denen ich erzitterte, lasteten auf mir.

Ich suchte Freiheit, ich fand sie zunächst im Freundeskreis, mit heiteren Mädchen und in verwegenen Lokalen. In einem dieser, es war der Apostelkeller, erhielt ich sogar Lokalverbot, weil ich gegrölt haben soll. Freiheit bedeutete für mich nach den Jahren im Kloster auch allein sein. Studentenwohnheime waren mir daher widerlich, denn ich wollte meine Ruhe, schließlich war ich acht Jahre in der Klosterschule – wir durften nur viermal im Jahr in den Ferien nachhause zu den Eltern fahren – in dauerndem Kontakt mit anderen Burschen. Möglichkeiten des Rückzugs gab es kaum.

Ich genoss nun in Wien die Freiheit, alleine in einem Untermietzimmer bei einer betagten Dame, sie war um die achtzig, wohnen zu dürfen. Ich ließ mir von niemandem etwas dreinreden, liebte meinen schrankenlosen Individualismus, der allerdings bewirkte, dass das Jusstudium auf der Strecke blieb. Nach der zweiten Staatsprüfung heiratete ich. Meine Frau, ihr sei ein Kompliment gebracht, auch sie studierte noch, zog mit mir in miese Untermietzimmer in der Hoffnung, ich würde noch die dritte Staatsprüfung bestehen, um dann als Jurist endlich werken und Geld verdienen zu können. Gott sei Lob und Dank, es kam nicht so, denn ich krachte, obwohl schuldlos, mit dem Motorroller mit einem Mercedes zusammen. Ich überlebte knapp und lag nun vier Monate im Krankenhaus in einem Dritte-Klasse-Saal des Allgemeinen Krankenhauses. Neben mir kam ein Wiener Zuhälter am Beginn seiner Karriere zu liegen, das war um 1965. Dieser Spitalsaufenthalt wandelte mein Leben wesentlich. Ich dachte nach über die Unfreiheit des Juristenberufes, denn Finanzbeamter oder etwas Ähnliches wollte ich nicht werden. Ich las im Krankenbett Bücher kulturgeschichtlicher Art, Urgeschichte und hörte mir die Erzählungen meines Bettnachbarn, der inzwischen mein Freund geworden war, über Wiener Dirnen und Ganoven an. Die Buntheit des Lebens mit ihren vielen Menschentypen, die mich schon immer interessiert haben, fesselten mich immer mehr. Derart, dass ich nach der Entlassung aus dem Krankenhaus beschloss, mich als Wissenschafter weiterhin mit der Vielfalt menschlichen Kulturschaffens zu beschäftigen. Die Liebe am Forschen war erwacht. Mit dem Schmerzensgeld, das ich, der ich unschuldig war an diesem Unfall, bekam, ging ich daran, der Juristerei mich zu empfehlen und ein neues Studium zu beginnen. Meine Frau unterstützte mich in meinem Bemühen trefflich. Wenn Geld notwenig war, wir hatten bald zwei Kinder, arbeitete ich neben dem Studium. Ich war unter anderem Gemüseausführer, Ausführer von Fahrradersatzteilen, Komparse bei Filmen – einmal spielte ich mit Omar Sharif – und Papiersacklkleber (nicht im Gefängnis).

Ich begann mich mit der Ethnologie und Urgeschichte zu beschäftigen. Ich erlebte neue Welten, ich sah in die Ferne und die Buntheit der eigenen Welt. Und ich war offen für menschenfreundliche Ideen.

1968: die Kritik an alten Zwängen und das Problem der Kommune

An der Universität hatte sich die Freiheit des Jahres 1968 mit all ihren Wirrnissen festgemacht. Kritik an alten Systemen der Erziehung und der Universität bestimmte das Leben der Studenten. Man diskutierte viel, ärgerte die Professoren und erfreute sich an diversen Veranstaltungen, in denen Ideologien, die sich auf Marx beriefen, zelebriert wurden. Geheimlehren mischten sich in das Freiheitsstreben der Studenten. Ich sympathisierte mit Freiheitsideen und Ideen der Großmütigkeit, aber irgendwie konnte ich mich nicht erwärmen für einseitige Ideologien, die wiederum Zwänge schufen, wie sich später zeigte und die man damals nur ahnen konnte.

Die Gefahr dieser Zeit lag auch darin, dass das wirkliche Leben der Menschen in ihrer Buntheit eher zur Seite gedrängt wurde, stattdessen erging man sich gerade an der Universität in wilden Diskussionen mit einem kaum verständlichen Vokabular. Mitunter wusste ich nicht, worum es bei diesen sprachlichen Disputen überhaupt ging.

Gänzlich befremdlich wirkte auf mich die Idee der Kommunen, mit denen man dem angeblich kleinbürgerlichen Familienideal widersprechen wollte. Die Elterngeneration musste kritisiert werden. Ich verstand da einiges nicht, denn ich selbst hatte während der Klosterschulzeit die Familie eher vermisst als unter ihr gelitten. Für mich bedeutete die Gemeinschaft mehrerer eher einen Zwang, eine „Tyrannei der Kameradschaft", wie sie Dostojewski nannte. Die Kommune war für mich das Gegenteil der Freiheit. Die damals üblichen freizügigen Wohngemeinschaften waren daher für mich eher abschreckend.

Wohl predigte man, wie in der berühmten Mühl-Kommune, die Freiheit der Sexualität, mit der man die Enge des bürgerlichen Denkens und der Familie brechen wollte, aber für mich bedeutete dies eher Unfreiheit, die mich an das Leben im Kloster erinnerte, und ich hielt mich aus Gründen der Freiheit fern von solchen Experimenten. Es ist interessant, dass die Mühl-Kommune, wie sie sich im Burgenland etablierte, sich tatsächlich zu einer Art Kloster entwickelte, wo man gemeinsam wirtschaftete und gemeinsame Rituale, die an die Chorgebete der Mönche erinnerten, durchführte.

Der alte Geist der Freiheit

Trotz ideologischer Wirrnisse war auch für mich am Ende der sechziger Jahre der alte Geist der Freiheit erwacht, wie er immer wieder gerade von Studenten beschworen wurde, so auch im Jahre 1848, als Studenten auf den Barrikaden in Wien gegen die militärische Übermacht der Monarchie kämpften. Damals wurde der Bauer frei vom Druck des Robotens und der Abgabepflicht des Zehents. Eine ganze Kultur der Wildschützen, über die ich später zu forschen begann, hängt mit der Geschichte der Bauern zusammen. Auch damals setzten sich Studenten für die Freiheit anderer Völker ein, ähnlich wie 1968, als man gegen den Imperialismus der USA und für Vietnam demonstrierte. 1848 kritisierten die Studenten vehement Feldmarschall Radetzky, der in Mailand den Aufstand freiheitsliebender Italiener gegen Österreich blutig niederschlug.

Das Jahr 1968 befand sich also für mich in einer spannenden Tradition der Freiheit.

Besungen wurde sie trefflich von dem „kommunistischen" und rebellischen Liedermacher Dieter Süverkrüp. Dieser verstand es in seinen Liedern, das Ideal der Freiheit, das über dem der Kommunen und politischen Kleingruppen steht, zu besingen. Dabei griff er auf Lieder der Freiheitsrevolution des Jahres 1848 zurück, in denen die Freiheit des Menschen gegenüber Unterdrückung und Verletzung der Menschenwürde hervorgestrichen wird. In einem dieser Lieder, es ist von Heinrich Heine, heißt es:

> *Die Jungfer Europa ist verlobt*
> *Mit dem schönsten Geniusse*
> *Der Freiheit, sie liegen einander im Arm,*
> *sie schwelgen im ersten Kusse.*

Im Sinne eines solchen weitherzigen Denkens, das gerade in den sechziger Jahren als Reaktion auf alte überkommene Zwänge entstand, ist auch mein weiteres Arbeiten und Forschen als Kulturwissenschafter zu verstehen. Dies war auch der Grund, warum ich im Herbst 1971 nach Indien flog, um dort bis zum Frühjahr 1972 über bäuerliches Stammesleben zu forschen.

Mir geht es nicht um Ideologien, sondern um die Achtung vor Menschen in ihrer ganzen Buntheit, zu der Vagabunden ebenso gehören wie Bauern und Wildschützen. Vor allem die Randkulturen interessieren mich, denn sie sind seit jeher Bestandteile menschlicher Gesellschaften. Ihre Bühnen waren und sind die Landstraßen, die Städte, die Dörfer und das Felsengebirge. Fast alle haben eine lange und oft geheimnisvolle Geschichte, die von Not, Elend, Ärger, Verfolgung und Mühen kündet, die aber auch ihre Schönheiten hat und von Mut und Würde erzählt.

In den sechziger Jahren öffnete sich für mich der Blick in diese vielen Welten. Und ich bin dankbar dafür.

Timo Huber

Wir 8 und 60er

Zeitensprünge – Geschichtensplitter

Beginn des Architekturstudiums an der TU Wien – graues Gebäude, verzweifelt gesuchte verzweigte Wege, über Stiegen, Gänge, Säle – Einschlafen in verschlafenen Hörsälen, überheizt, voll des Denk-Müheschweißes, in graue Erinnerung getaucht.

In der Mittagsmensa wird dem „Kochlöffel" der Tod angedroht, falls er diesen Fraß nochmals wagt – Suppe über den Tresen.

Widerstand regt sich bald. Kontakt, Faszination, durch den Wiener Aktionismus gegen alle Tabus anzutreten. Trennung – Gründung eigener Aktionsgruppen.

Die Stollgasse[1]
Eine Wohngemeinschaft, politisch wie junge Hunde

Die gemeinsame Küche, ein Restmülldepot von zwei mal drei Metern, beengter Treffpunkt ab 14 Uhr vor der Ö3-„Musicbox", da in der vorherigen Nacht beim nahegelegenen Jazz-Freddy an Musik, Tanz und anderen Bedürfnissen lange und ausdauernd gearbeitet werden musste – „Eric Burden declares war".

Einsamer Höhepunkt – mit unserem „Aufputsch" wird erreicht, dass durch Erregung und Freiheitsdrang fünfzig Prozent der Tänzer/-innen ihre Hüllen ablegen und die Oberkörper heiß, nackt im Rhythmus schwingen. Wir tanzen die Nacht ins Morgengrauen. Einen Sommer lang – 68 – heißt die Parole der WG Stollgasse „Gemütlich in den Wahnsinn schlittern". Die Gelegenheiten dazu waren immer und leicht gegeben. Werner versucht, dem Lebensgefühl entsprechend, auf dem roten runden Lacktisch Schlittschuh zu tanzen. Gustl landet mit seiner Norton-Commander im Kurvensplitt.

Die Wieden[2]
Versuch der Realisation von Wohn- und Arbeitsvisionen
der Achtundsechziger-Kinder

Die unwahrscheinliche Geschichte, dass sich eine Wienerin, unsere Lucy, als die Rechtsanwaltsverlobte aus Salzburg einen Mietvertrag für die Zehnzimmerwohnung im gut situ-

---

1 WG Stollgasse, 1070 Wien: Werner Bodingbauer, August Fröhlich, Sepp Fröhlich, Ursula Haslinger, Timo Huber, Franz und Gerti Mayer, wechselnde Gäste.
2 WG Wieden – Wiedner Hauptstraße, 1040 Wien: Werner und Bettina Bodingbauer, Wolfgang Brunbauer, August Fröhlich, Sepp Fröhlich, Ursula Haslinger, Timo Huber, Walter Krotki, Edgar Maier, Lucinda Rieger, Kati Springer, wechselnde Gäste.

WG Wieden, Ausflug nach OÖ 1969. Dr. Gernot Vielkind, Mag. Lucinda Rieger-Schmatz, Arch. Dipl.-Ing. Timo Huber (v. l. n. r.)
(Foto: privat)

ierten Zinshaus Wiedner Hauptstraße – Eigentümer Professoren, Ärzte – erschlichen hat. Statt Anwaltskanzleimöbeln ziehen nächtens sukzessive Gestalten beiderlei Geschlechts ein. Die Mitbewohnermischung, eine differenzierte nach Herkunft, nach Arbeitsbedingungen – Studentinnen, Sozialarbeiter, Stewardess, Sekretärin, Magistratsbeamter, Drop-out, Arzt, schwedische und polnische Gäste …

Die Großwohnung mit einem Gemeinschaftsraum – Diskussionsforum, Festzentrum, verraucht, voll von Unmöbeln, die Achtundsechziger wollen Wohn-, Wahn- und Arbeitsvisionen für ein zukünftiges Leben spielen, vorleben, erproben.

Das Telefon, ein ununterbrochenes „Wer geht hin?". Diskussionsveranstaltungen als intellektueller Höhenflug angesetzt, Gästemischung – Architekten, Künstler, Professoren, Bewohnerinnen, seriöse weltbewegende Gespräche in oftmalig sich überschlagenden orgiastischen Festen endend. Banal-Saufen, alternative Argumente – Gegenschreien, Gröl-Singen, Raufereien von vorerst seriösen Magistratsbeamten und Professoren auf dem staubigen Boden, Tanzdramatik.

Der Kristallluster der Eigentümerwohnung darunter zittert und klirrt gefährlich.

Die Wieden als Inaugurationsforum für manche, ein Nachmittag-Nachtmarathon, mit Granitblöcken an politischer Ernsthaftigkeit an alle verteilt, realitätsferne Argumentationsketten – das Karl-Marx-Seminar.

Die mit Stacheldraht vernagelte Tür der Lucy, das vielfarbig diagonal tapezierte Zimmer von Gust, der Gemeinschaftsraum, ein für viele vermeintliches und benütztes Kaffeehaus, die permanente Anforderung neu zu gestalten, das Geheimnis der Tapetentüren mit begehbaren Kaminen hinter den Kachelöfen, das einzige WC und das kleine, so begehrte Bad, oftmals benützt, belegt und ungereinigt – Edgar braucht eine Stunde, meint er. Die kleine Küche, Gust, Sepp rauchen sich ins Verderben, wir starren auf ein Abfahrtsrennen im Zehnmal-Zehn-Zentimeter-Bildschirm, das abgegriffene Küchenbuch, letztlich ein Kabarettprogramm, der colorierte Secondhand-Kühlschrank hat lang gehalten. Mal nichts drin, mal viel drin, wer kauft, wer zahlt, wer putzt, wer denkt mit, wer kocht heute.

Die permanente Diskussion um Versorgung, Reinigung und Entsorgung, das ewige „Was gehört wem?", Strichlisten im Haushaltsbuch und Telefonvermächtnisse.

Speziell sonntagvormittags, viel hörbare Liebe aus sechs Zimmern, hier mit Musikstimulanz, dort mit seufzenden Eigengesängen.

Das Weihnachtsfest – Geladene, der Engelsidylle Überdrüssige, Genuss und Völlerei von selbst gemachten duftenden Spezialitäten.

Das Zielwerfen überzähliger Semmelknödel auf glitzernde Symbole, bösartiger Ankick der Weihnachtskugeln mit dem Billardqueue an dem von Werner mit Überliebe geschmückten Baum. Bettina sieht fassungslos, mit Tränen im Auge das Unvermeidliche.

Zwei der Mitbewohnerinnen tanzen nackt und verklärt in Freude um elf Uhr vormittags im Sonnenschein den Silvesterabend ein: „Angie", „White Horses" der Stones legen den Schwebeteppich.

Später, freudiges Umarmen der eintrudelnden Gäste, das beginnende Satzgeflatter und Stimmenschwirren geht ins Dröhnen der Musik über – Doors, Deep Purple, The Who, John Lee Hooker, Pink Floyd … Tanzen bis zum ohne Atem, schweißnass in Rauchschwaden, Mitsingen bis zum Krächzen, magische Tanzkreisrituale, Pfauenräder werden geschlagen,

Stampfen und Dröhnen der Füße und Bässe, die Letzten wollen nicht gehen, die körperliche Attacke ist unvermeidlich, Rotweindoppler donnert an die Wand und hinterlässt Spuren.

Feste, die Höhepunkte der Vision, Arbeiten und Wohnen in der Wieden.

Die Laufbergergasse[3]
Fast Erwachsen werden – wie Himmelblau Swiczinsky Jimmy Hendrix und Electric Ladyland erlebte

Eine kurze schmale Gasse, die einerseits auf den Donaukanalfreiraum zielt, die andere Richtung zeigt zum Prater – lockende Versuchungen sind heftig und eindeutig – auch Tischfußballkönige waren wir alle mal.

Die Großherrschaftswohnung im ersten Stock, großzügig mit zwei WCs, einem hellen Bad und riesiger verfliester Küche.

Zwei junge Familien, zwei Studenten, ein Gast oder zwei, internationale Kommunikation – die sanfte Wohngemeinschaft, eine trügerische Idylle. Hier und dort wird gekocht, auch Kohl.

Hermann und Timo forschen oft nächtens in unterschiedlichen Kühlschränken nach „Wissenswertem".

Jimmy Hendrix rockt in Wien, zwei Auftritte im Konzerthaus, nacheinander fasziniert und verklärt erlebt, vier bis fünf Stunden Soundorgien, Sturm, Tonhurrikan, gigantischer Magier der Stahlsaiten, er hackt, beißt, streichelt und zaubert.

Electric-Ladyland-Doppelalbum wird gierig gekauft, kurz danach vergriffen, verboten: das Cover Twenty naked Women – Black and White … „Woodoo Child" … „and the Gods made love" … „Crosstown traffic" … „The Wind cries Mary" …

Zünd-Up-Hermann hat in seinem hohen schmalen Kabinett den braunen Volksempfänger aus Braunau neben dem Bett stehen. Schon kaum mehr Platz davor zu sitzen, liegen wir auf dem Boden. Aus zwei Papprröhren mit Zusammenführung und Erweiterung zum Riesentrichter, zugleich an die Ohren gehalten, wird eine Verstärker-Stereohörhilfe gebaut. Der Trichter vor der verschlissenen bräunlichen Stoffverspannung des großen Lautsprechers fängt die Hendrix-Soundfluten- und -wellen auf und knallt sie uns in die Hörgänge. Zwar monolaut, aber gebündelt prallt der Ton auf die Trommelfelle und jagt uns ins Hirn. Der oder die Joints sind notwendige Röhrenverstärker, sie lassen uns auffliegen und kreisen. Tonekstase im eigenen Glücksraum.

Der Hausherr – Swi – reißt die schmale Grenztüre auf, dringt in die Jointschwaden und Soundwolken. Bässe beuteln die Wände – leiser!!!

Hermann und Timo locken ihn an den Hörverstärker, der Visionssound verzaubert auch ihn, der Jo trägt ihn höher, lässt ihn nicht mehr los, wir werden ein Trio im Electric Ladyland. Fliegen, Jagen durch die Rockwelten, Hirnwogen- und fluten bis tief in die Nacht. Das Kabinett, ein Airplane-Raumflugkörper.

---

3 WG Laufbergergasse, 1020 Wien: Hilde und Helmut Swiczinsky, Ernst Mateovics und Frau, Timo Huber, Jane, Hermann Simböck

Künstlergruppe 68: Heinz G. Leitner (oben), Johann Jascha, Wolfgang Böhm, Timo Huber (v. l. n. r.)
(Foto: privat)

Hermanns Kabinett, ein Bett, eine Zeichenplatte, Regale aus Obstholzsteigen, Leben aus dem Koffer. Das einzige Fenster auf die Gasse, das Hermann-Kunstbuch mit dem Stehauf-Penis, den Pop-Glitzerbildern und der Grafik aus getrocknetem Eigenblut.

Timos angrenzendes Zimmer, ein Durchgangsraum, zwei Fenster auf den Lichtschacht, mit schwarzem Papier verklebt – keine Witterung, kein Vogel, kein Wetter, kein Himmel. Kachelkamin, manchmal beheizt, Rauchrückstau, Krankenhausstahlrohrbett, eng zu zweit.

Schwarzer Klapptisch, überhäuft mit Büchern und Plänen, wer weiß, wie je gearbeitet. Jimmy-Hendrix-Poster mit traurigem schwarzem Kreuz an der Wand – abgewohnte Wandflächen, in Augenhöhe rundum mit weißem Packpapier kaschiert, regen zur Tapetenzeichnung an.

Der arme kleine Heizbläser schafft den Raum mit drei Meter sechzig Höhe kaum. Im „Ohne-Regel-Schach – free chess" werden psychische Energien und Wahnsinn getestet.

Wenn Hermann Damenbesuch erwartet oder am Abend zu zweit ein „Seminar" hat, muss er queren; wenn Timo gerade Damenbesuch hat, lernen sich alle vier schnell kennen und lieben.

In den folgenden Jahren wird in die Strumpffabrik Mittelgasse übersiedelt, doch das ist eine andere Geschichte.

Rolf Schwendter

1967/68

Sei es, wie es sei: Zu den Jahren 1967/68 will mir partout keine lustige Anekdote einfallen. Wo diese sich abgespielt haben könnten, war ich nicht dabei. Das fraglos hübsche Photo mit der Victory-Fahne, vom Turm der Münchner Frauenkirche wehend, entnahm ich den Zeitungen. Anderes hatte ich nur über den Szeneklatsch gehört: etwa, dass die Wiener Linke am 1. Mai 1968 nach einem Pendant zu „Enteignet Springer!" suchte – und auf „Enteignet Mautner-Markhof!" verfiel.

Diese Jahre habe ich als ausgesprochen harte Zeit wahrgenommen, nicht zufällig habe ich 1969 (mit fast 30) zu rauchen angefangen. Zum einen ist Exil nie angenehm, auch wenn es ein verhältnismäßig kommodes Exil war (September 1967, nachdem es immer noch kein Grundrecht auf Wehrdienstverweigerung gab, Erwerbslosigkeit absehbar wurde und die Wiener Frauen damals mich nicht mochten, zog ich es vor, von einer Deutschland-Reise nicht zurückzukehren). Der Wintereinbruch im November 1967 war früh. Und es war eine einmalige Erfahrung für mich, an einem ungeheizten Schlafplatz morgens mit klirrendem Atem-Eiszapfen im Schnurrbart aufzuwachen …

Zweitens wird oft übersehen, dass dies auch eine Zeit der großen Angst war. Am 2. Juni 1967 war in Berlin Benno Ohnesorg von der Polizei erschossen worden. Bei manchen Wahlen bekam die NPD 10 % und mehr. Beim Flugblätterverteilen (z. B. in Stuttgart) habe ich keinen Satz so oft gehört wie: „Das hätte es unterm Hitler nicht gegeben." In Österreich hat es 1966–1970 die ÖVP-Alleinregierung Josef Klaus gegeben – kein Geringerer als Bruno Kreisky hat (im April 1966) eine Neuauflage des Austrofaschismus befürchtet. (Um nur weniges zu nennen.)

Schließlich war für einen Angehörigen der Außerparlamentarischen Opposition mit gehobenen intellektuellen Ansprüchen das Leben ausgesprochen anstrengend, reichte zuweilen (wie in der etablierten Politik auch, nur mit erheblich weniger Ressourcen) an einen Achtzehnstundentag heran. Gleichzeitig Versammlungen, Teach-ins, Demonstrationen (und, zunehmend, Abwehr der endlosen Fraktionierungsbestrebungen unter den Erich-Fried'-schen „Nebenfeinden"). Gleichzeitig die Aufarbeitung der je neu entdeckten oder produzierten Theorien; gleichzeitig der Lebensunterhalt (der in meinem Falle damals bekanntlich das Liedermachen war). Und, letztlich, gleichzeitig die Arbeit an der Zukunft, z. B. das Schreiben von Büchern. Die Paradoxie bestand darin, dass gerade in einer Zeit, in der, von Herbert Marcuse ausgehend, das Lustprinzip besonders gefeiert worden war, für die Feiernden (jedenfalls für ihren unbegüterten Teil) ein extremes Leistungsprinzip mit Notwendigkeit im Vordergrund stand.

So viel zur Folie der harten Zeit, vor der sich der kulturelle Wandel der späten sechziger Jahre abspielte. Da ist an erster Stelle zu nennen: Hoffnung. Und sei es mindestens als Ernst-Bloch'sches Prinzip. Verkürzt ausgedrückt, konnte uns Aktiven, bei allen Rückschlägen und Verzögerungen, der Eindruck entstehen, als würde der Planet Erde doch noch zu einer humanen Gesellschaft kommen. Auch wenn dies ganz allmählich vor sich ginge, überzeugte Person für überzeugte Person. Die Gegenwart war nicht dazu angetan, die Hoffnung zu nähren: die Notstandsgesetze gingen durch, die Medienkonzentration steigerte sich weiter, die Hochschulreform wurde technokratisch, die SPD brachte nicht „mehr Demokratie", sondern Berufsverbote, und 1975 erwartete ich vergeblich das rauschende Fest, als die US-Amerikaner endlich aus Vietnam abgezogen waren. Aber vielleicht die Zukunft? Dass die kommende Generation, anlässlich des symbolischen Vatermords an ihren APO-Eltern, weithin wieder nach rechts gehen würde, hätten wir uns damals nicht vorstellen können. Zwischenzeitlich sind sämtliche Strategien gescheitert (Doppelstrategie, Marsch durch die Institutionen, Alternativmilieu, Nicht-Regierungs-Organisationen, Initiativen, Terrorismus, alternative Partei, Leninismus …), und die USA sucht Vorwände, nun vorläufig/endgültig ihre Weltherrschaft anzutreten, wie denn auch anderswo die Festungsbauparteien zu reüssieren neigen.

Die größte kulturelle Erleichterung der Zeit lag im merkbaren Wandel der Sexualnormen. Zwar bin ich mir bis heute noch nicht im Klaren, ob das an der Anti-Baby-Pille lag oder an den Aktivitäten der APO, oder an einer merkwürdigen Mischung zwischen beiden – jedenfalls war es eine große Erleichterung. Nach all den Jahrzehnten von Muss-Heiraten, „vorehelichem Geschlechtsverkehr" und „anständigem" Nein-Sagen war es unverhofft möglich, sexuelle Wünsche zu äußern. Auch die Polygamie (die Polyandrie inbegriffen) war kein Tabu mehr. Heute, wo von den Katholiken über Gerti Senger bis hin zu Barbara Karlichs moralischer Anstalt die hegemonialen Verhältnisse der Monogamie wiederhergestellt worden sind (und, zugegebenermaßen, für einen alternden Mann angenehmerweise die Lage sich auch entspannt hat), ist die Bemühung groß, in die Vergangenheit zurückzukehren. Dennoch: Es war eine unbeschreibbare kulturelle Erleichterung.

Vergleichbares galt für die Wohnformen. Kommunen, Wohngemeinschaften, ländliche Gemeinschaften lösten zeitweilig die sterile Alternative von Einfamilienhaus, Zinskaserne und Single-Loch ab. Auch die eine oder andere totale Institution wurde durch Wohngruppen abgelöst – mit der Gefahr, dass Wohngemeinschaften nur noch repressiv genutzt werden konnten: als Aufenthaltsort für jene Zielgruppen, welchen die Single-Löcher (noch) nicht zugetraut werden.

Schwieriger war es mit der Kultur im engeren Sinn. Teils aus Gründen der oben skizzierten Überlastung, teils infolge der erstrebten intellektuellen (oft genug auch: materiellen) Askese, hatte die APO mit den Künsten nicht so wahnsinnig viel im Sinn. Damit war ich (wie auch meine Kollegen) als Liedermacher oft konfrontiert. Entweder es gab ein endloses Unbehagen darüber, dass die gesellschaftlichen Veränderungen durch die Künste zu wenig vorangetrieben werden würden (es gab Konzerte, bei denen nach jedem einzelnen Lied eine Diskussion entstand). Oder es gab bei den Aktiven, verbunden mit Schuldgefühlen, irgendwelche (subjektiv unterschiedliche) kulturellen Kompensationen, die vom etablierten Schlager bis zum schundigsten Kriminalfilm reichen konnten (hier war es schon ein großer Erfolg, wenn der Kompensationskurs zu Liedermachern, Godard-Filmen oder zeitgenössischer Rockmusik sich verlagern konnte).

Hier bestand eine Ironie darin, dass gerade mein Darstellungsstil noch zu den „lustigeren" zählte. Geschult an Brecht, Belehrung und Unterhaltung zu verbinden und den Ver-

Studentendemo pro und contra Professor Taras Borodajkewycz (1966)
(Foto: Votava)

fremdungseffekt auch noch zu verfremden, hatte ich in dieser Zeit die Chance, mit meinem ausgesprochenem Malcanto ein Publikum für „negative Ästhetik" zu finden. (Und diese übersteigerte ich auch noch stilgemäß: Wenn nicht gute 10 % der Zuhörenden das Konzert türenschlagend verließen, fragte ich mich, was ich falsch gemacht haben konnte.) Aus dem Kontrast zwischen Sujet, Liedstil, Stil des Vortrags und Stil des Begleitinstruments ergab sich jener verfremdete Verfremdungseffekt, der, in Maßen, komisch zu wirken geeignet war. Etwa, wenn die Kritik des Springer-Konzerns ausgerechnet in der Form eines Kinderlieds wiedergegeben worden war oder Wilhelm Reichs Aussagen als Gebet formuliert wurden (was wiederum an die Grenzen des Verdachts auf Religionsstörung führte). (Die Beispiele ließen sich noch lange fortsetzen.)

In den siebziger Jahren wurde das Feld offener: die Anzeichen kulturellen Wandels waren noch nicht rückgängig gemacht; manche Reformen sahen so aus, als ob sie noch wirken könnten; mittels der zusätzlichen ökologischen und feministischen Bewegungen hatte das subkulturelle Feld sich verbreitert (in Österreich überhaupt, wo eher Arena und Zwentendorf 1976–78 das funktionale Äquivalent für 1968 bildeten, da hier eher eine „heiße Viertelstunde" [Fritz Keller] war); es gab kulturelle Vielfalt.

Beatfestival am 21. 10. 1966
(Foto: Votava)

Adolf Holl

Auch Engel haben ihre Fehler ⸻

Eine feministische Theologie, die mein Verhältnis zur weiblichen Hälfte der Menschheit hätte entspannen können, gab es 1964 noch nicht. Dafür spielte man „Der Stellvertreter" von Rolf Hochhuth. Das Stück hinterließ einen häßlichen Fleck auf der weißen Soutane Papst Pius' XII. (1939–1958), des „engelgleichen Hirten", wie er genannt wurde. Gegen die Judenvernichtung hatte er nur ein paar nichtssagende Phrasen gefunden, obwohl er Bescheid wußte. Das war bis dahin nur in Fachkreisen diskutiert worden. Als das Trauerspiel von Hochhuth auf die Bühnen kam, erhob sich ein wütendes Protestgeschrei unter den Aktivkatholiken, auch in Wien. Die beiden Lektionen, die ich bei dieser Gelegenheit lernte, therapierten meinen Keuschheitskomplex, wenn auch nicht mit sofortiger Wirkung.

Erstens begriff ich, daß auch Engel ihre Fehler haben und daß es ernstere moralische Probleme gibt als den Ehebruch oder unzüchtige Berührungen.

Zweitens zeigte sich mir damals das katholische Wesen von seiner borniertesten, dümmsten und aggressivsten Seite. Es schüttelte seine Fäuste gegen den Dichter, anstatt über die traurige Wahrheit nachzudenken, die er beklagte. So fing ich an, enttäuscht von dieser Mischung aus Selbstgefälligkeit, Heuchelei und Tatsachenblindheit, einen Verdacht zu nähren. Wenn das System, dem ich diente, so fehlbar sein konnte, dann brauchte ich mich nicht mehr als Hurenbock betrachten. Vielleicht hatte das System eine Sexualneurose.

Vier Jahre später war ich soweit, mir den Satz zu gestatten: Ja, ich habe mich verändert. Diese Änderungen, schrieb ich ins Tagebuch, sind in meinen Aufzeichnungen vorwiegend negativ kommentiert – als Abfall von den Idealen der Seminarzeit. Jedoch läßt sich auch sagen, fuhr ich fort, daß ein Mensch nicht unbedingt an seiner Pubertät, an seiner Adoleszenz festhalten muß.

Als ich diese Zeilen zu Papier brachte, war ich für meine Verhältnisse ganz flott unterwegs. Die „Affäre", wie ich sie nannte, ging in ihr achtes Jahr, mit allen Höhen und Tiefen, Entsagungsperioden und Zärtlichkeitsschüben, Küssen und Tränen. Zwei heilige Sakramente der Kirche, das der Ehe und das der Priesterweihe, verfluchten und würzten unsere heimliche Beziehung. Die Fragen, die ich mir stelle, sind einfach, hat Luis Buñuel einmal gesagt. Erotik und Religion zum Beispiel. Wenn es das zweite nicht gäbe, würde das erste seinen Reiz verlieren.

Nicht alle Frauen, mit denen ich während meiner Kaplansjahre in Berührung kam, waren von der christlichen Lustfeindlichkeit stigmatisiert. Die Purkersdorferin zum Beispiel, wie sie von den Strichmädchen am Gürtel (Nähe Westbahnhof) genannt wurde, machte mir einen merkwürdigen Vorschlag, obwohl ich ihr gesagt hatte, ich sei ein Geistlicher. Von denen kommen viele, meinte die Purkersdorferin. Sie wünschte sich einen kultivierten Herrn, mit dem sie an ihren freien Sonntagen ausgehen wollte. Weil sie ohne Zuhälter arbeitete, brauchte sie etwas für das Herz. Ich stellte mir vor, wie sie mir einen Tausender zustecken würde, um die Rechnung zu bezahlen, und vielleicht noch einen Tausender für das Taxi.

Brauchst mir nichts zurückgeben. Aber am Sonntag hatte ich keine Zeit. An den Sonntag-
abenden war ich bei meiner Mutter.

Paß halt auf, sagte meine Mutter, daß kein Kind kommt, als ich ihr von meinen Frauen-
geschichten erzählte. Die katholische Sexualpolitik erschien in der weiblichen Sicht der
Dinge wie ein Angsttraum aus dem Inferno der düstersten Perversionen.

Auch andere Frauen zeigten sich von meiner priesterlichen Würde nicht sonderlich be-
eindruckt, wenn es um die handfesten Formen der Liebe ging. Sobald ich die Kutte ausge-
zogen hatte, war ich für sie ein Mann, für den sie sich interessierten, ohne daß dabei gleich
der Himmel einstürzen mußte. Sie bedurften keiner religiösen Verbote, um den Liebesakt
reizvoll zu finden. Das Spanien Buñuels ist nicht die Welt.

Im katholischen Milieu allerdings wurden Liebesbriefe geschrieben, in denen zu lesen
stand: Ich habe die Sünde, die ich begehe, vom ersten Augenblick an gespürt und davon
gewußt bei der ersten absichtlichen Berührung, als ich den Kopf im Auto an Deinen Arm
lehnte.

Als ich diese Zeilen las, stand der päpstliche Thron noch einigermaßen fest auf seinen
vier Beinen. Im Juli 1968 begann er für mich bedenklich zu wackeln, und nicht nur für mich.

Schuld daran war wieder einmal die Naturwissenschaft, diesmal im Verein mit der
Pharma-Industrie. Die Pille war da, wie ein Göttergeschenk für die übervölkerte Erde. Die
ewige Angst der Frauen vor unerwünschten Schwangerschaften schien für immer gebannt.
In das allgemeine Aufatmen hinein platzte das Rundschreiben Papst Pauls VI. vom 25. Juli
1968 „Humanae vitae" wie ein Polizist, der dem Bräutigam auf der Hochzeitsgesellschaft
ein Strafmandat überreicht. Eine Woche später gab es im österreichischen Fernsehen eine
Debatte über die Pillen-Enzyklika, zu der ich eingeladen war. Auf einen Zettel notierte ich
meine Einwände gegen das Dokument meines obersten Chefs, wissenschaftliche und seel-
sorgliche und moraltheologische Bedenken, um gut vorbereitet zu sein. Zuletzt schrieb ich
den Satz: Ich halte es für die glücklichste Lösung der durch die Enzyklika aufgeworfenen
Probleme, wenn wir möglichst bald einen neuen Papst bekämen.

Das sagte ich dann auch mehr oder weniger wörtlich und kam damit in die Schlagzeilen.
Der geplagte Kardinal König, der über das Rundschreiben überhaupt nicht glücklich war,
hielt mir am Telefon vor, es sei ungehörig, jemandem den Tod zu wünschen, und entschul-
digte sich bei nächster Gelegenheit persönlich beim Papst für meinen Ausrutscher. Daraufhin ließ der Pontifex ein Informationsverfahren der Glaubenskongregation, das gegen mich
eingeleitet worden war, wiederum einstellen, weil er nicht den Eindruck erwecken wollte,
aus persönlicher Kränkung zu handeln.

Aber die Sache war damit nicht vom Tisch. Mein fassungsloser Zorn über die an-
maßende Prosa des päpstlichen Lehrbriefs ist mir unvergeßlich geblieben. Da warf sich ein
alter Herr zum Richter über die intimsten Vorgänge auf, als ob er am Schlüsselloch des
Schlafzimmers stünde. Sein Beharren auf der Fortpflanzungspflicht demütigte jene Ehe-
paare, von deren Problemen ich als Pfarrpriester betroffen war, weil ich die Kälte nicht auf-
brachte, ihnen den Liebesakt zu vergällen, sobald er nicht im Dienst der Erzeugung von Ba-
bys stand. Da wurde die Religion, von der diese Menschen eine Sinngebung für ihr Leben
erwarteten, zur Terrorisierung ihrer Gewissen benutzt.

Im Vergleich zu diesem unerhörten Vorgang, dessen Tragweite mir damals bewußt wurde, verblaßten meine persönlichen Schuldgefühle zu einem Gespenst, dessen Drohgebärden immer kraftloser wurden. Wie unter Zwang hatte der Papst sich abermals zu einem Thema geäußert, das für die Kirche von Anfang an zentral gewesen war, obwohl es in den Sprüchen des Heilands der Christenheit kaum auftaucht. Immer wieder, seit der Mitte des ersten nachchristlichen Jahrhunderts, als Sankt Paulus erstmals zur Feder griff, schnüffelten die christlichen Sittenwächter hinter den Ausdünstungen der Lüste her, im Dienst einer Fruchtbarkeit, die so freudlos wie möglich zu betreiben war. Die Systemlogik verlangte nach dieser Kombination. Ohne Fruchtbarkeit wäre die Kirche bald ausgestorben. Ohne Keuschheitskommando hätte die Zucht in den Gemeinden empfindlich gelitten. So senkte sich der Stachel eines unerbittlichen Vorwurfs ins christliche Fleisch, auch ins meinige, und ließ sich nicht herausziehen.

Zum Glück gab es das Fernsehen. Ende August 1969 begannen die Dreharbeiten für eine von mir vorgeschlagene Dokumentation über katholische Geistliche, die ihre Wirkungsstätten verlassen und geheiratet hatten, unter dem Titel „Gefallene Priester". Die Etikettierung war einem päpstlichen Geheimdokument aus dem Jahr 1964 entnommen, in dem es um den Zölibat ging. Unser heiligster Herr Paulus, so hieß es dort, durch die göttliche Vorsehung der sechste Papst dieses Namens, sorgt sich überaus um den Schutz und die unbefleckte Bewahrung des heiligen Zölibates; dennoch ängstigt er sich überaus um das Schicksal derer, die ihre eigene priesterliche Würde und die Bürden der heiligen Weihe vernachlässigt haben, ja bisweilen so weit gekommen sind, sich an Frauen zu binden und gelegentlich sogar eine sogenannte Ziviltrauung anzustreben.

Während der Sprecher diese feierlichen Zeilen vorlas, waren drei Männer, drei Frauen und ein Kleinkind im Bild, bei der Feier einer heiligen Messe am Tisch eines Wohnzimmers. Die Männer wurden als ehemalige Wiener Kapläne vorgestellt, die ohne Erlaubnis der kirchlichen Obrigkeit vor dem Standesbeamten geheiratet hatten und damit samt ihren Gattinnen der Exkommunikation verfallen waren. Ihr verbotenes Tun ließ ich vom Sprecher mit der Bemerkung kommentieren: Hier protestiert der Glaube gegen das Kirchengesetz.

Nach der Ausstrahlung war ziemlich viel los. Die beiden größten österreichischen Tageszeitungen brachten vernichtende Kommentare, der Priesterrat der Erzdiözese Wien verlangte die sofortige Maßregelung meiner Person, und ich lernte meine jetzige Lebensgefährtin kennen, die für ein Nachrichtenmagazin arbeitete. Der Kardinal untersagte mir jedwede Beteiligung an Radio- und Fernsehsendungen mit kirchlicher oder theologischer Thematik, im Inland und im Ausland. Über gewisse Dinge redet man nicht.

Anmerkungen

Dafür spielte man: Rolf Hochhuth, Der Stellvertreter, Reinbek bei Hamburg: Rowohlt, 1963.
Die Frage, die ich mir stelle: „Der Spiegel", 35/1977.
Ein Informationsverfahren: Die Nachricht von der Einstellung wurde mir am 14. 5. 1969 von
    Dr. Richard Barta, dem damaligen Leiter der Katholischen Presse-Agentur Österreichs,

telefonisch übermittelt. Von der Einleitung eines Informationsverfahrens gegen mich hatte ich bis zu diesem Zeitpunkt keinerlei Kenntnis.

Nach der Ausstrahlung: Am 12. 9. 1969.

Mit freundlicher Genehmigung des Autors. Auszug aus: Adolf Holl, Wie ich Priester wurde, warum Jesus dagegen war, und was dabei herausgekommen ist. Rowohlt Verlag, Reinbek b. Hamburg 1992. Titel von den Herausgebern.

Sitzt immer noch oben!

Obwohl viele Ersatz-B.B.s am Thron der echten Brigitte Bardot kratzen, ist die Königin von St. Tropez immer noch obenauf. Als Partnerin des Amerikaners James Stewart drehte sie gerade den Film „Erasmus mit den Sommersprossen". Und nun kündigt sie sogar im Brust-Ton der Überzeugung ein Musical an. Sie will beweisen, daß ihre schönen Beine auch tanzen können.

63

Heinz Conrads in seiner legendären Studiodekoration
(Foto: Votava)

Günter Tolar

Meine 60er

Gleich vorneweg:

Als Homosexueller (Schwuler – zur Erklärung: homosexueller Mann) habe ich die *sexuellen Aufbrüche der 60er- und 70er-Jahre* natürlich auf meine Art erleben müssen. Die Neuformulierung der Sexualität hat sich aus meiner damaligen und auch heutigen Wahrnehmung ausschließlich mit dem so genannten *normalen* Sex beschäftigt.

Ich spielte bis 1969 im Kabarett *Der Würfel*. Wir waren nicht sehr politisch, eher literarisch und reichlich reaktionär. Jedenfalls keine Gruppe, mit der man Neues starten konnte. Wir führten eher das sehr seicht gewordene Unterhaltungskabarett der Qualtinger-Merz-Bronner-Ära zu Ende.

1969 kam ich zum Fernsehen und übernahm als Erstes die Redaktion der Heinz-Conrads-Sendungen. Auch nicht gerade das Revolutionärste.

Aber ich war ja schon damals (und schon immer) schwul. Und das war verboten. Ich musste mich also hüten, ins Rampenlicht sexueller Aktivitäten zu geraten.

Was ist für uns (für mich) damals herausgekommen? Ich stöbere in meinen Tagebuchaufzeichnungen.

In der Zeit der dominierenden repressiven Moral anfangs der 60er-Jahre haben wir sicherlich mehr Sex gehabt als in den späteren *befreiten* Zeiten. Freunde haben mir versichert, dass das in noch viel höherem Maß auf den *normalen* Sex zutraf und zutrifft. Die sexuelle Revolution wurde damals – von vielen geilen Hoffnungen genährt – überschätzt, die Erwartungen waren ganz einfach überzogen. Wir Schwule, die wir das Getue aus geziemender Entfernung beobachteten, fanden das bestätigt, was wir längst wussten: Sex ist kein Motor, um damit Gesellschaftspolitik zu betreiben, sein individuelles Glück zu finden, Kultur zu machen oder eine Beziehung aufrechtzuerhalten. Die 68er haben im Sex einen Gott gesehen. Götter verlangen, angebetet zu werden. Wie macht man das mit dem Sex?

Wir Schwulen, die in die Aufbruchsk(r)ämpfe der 68er sowieso nicht eingebunden waren, fanden die Bewegung sogar ein wenig komisch, weil wir erfahren durften, wie arm die uns belächelnden und unterdrückenden Heteros offensichtlich waren.

Wir lebten unsere Sexualität zwar im Untergrund, fühlten uns dort aber frei.

Und es tat sich auch einiges in Wien, trotz Verbot. Im renommierten Treff *Piccadilly* in der Wiener Annagasse feierten Horst Buchholz und Helmut Berger Verlobung. Der Fotograf Lord Snowdon und der Hollywood-Schauspieler James Mason wurden dort verhaftet. Ob sie nun alle schwul waren oder nicht, spielte keine Rolle. Man ließ sich in der Szene sehen. Trotz Verbot.

Das Rollenbild von Mann und Frau wurde neu definiert. Die Initiative dieser Definition ging von den Männern aus. Als die Frauen dann schnell begannen, sich der Definition der Männer nicht mehr willenlos zu unterwerfen und sich selbst zu definieren begannen, sind die Männer ganz schön in die Bredouille geraten. An dieser *Bewegung* waren übrigens unsere lesbischen Freundinnen recht beteiligt.

Wir österreichische Schwule mussten mit unserer *Befreiung* warten.

Am 27. Juni 1969 setzten sich in New York eine Hand voll Tunten, Transvestiten und Stricher gegen eine willkürliche Polizeirazzia in der *Christopher Street* handfest zur Wehr. Das war ein Termin, der uns viel mehr bewegte.

Bei uns kam ein Akt der *Befreiung* von der Politik. 1970/71 im Zuge der *Kleinen Strafrechtsreform*, initiiert von Christian Broda, wurde die Strafbarkeit der *einfachen männlichen Homosexualität* abgeschafft. Die parlamentarische Mehrheit (auch ÖVP- und FPÖ-Leute stimmten mit) wurde allerdings mit dem berüchtigten § 209 (unter anderen schäbigen Paragraphen) erkauft, der die *Befreiung* bis ins Jahr 2002 hinauszögerte.

Meine eigene *Freiheit* habe ich mir im Jahr 1992 mit meinem *Going Public* selbst verschafft.

Die sexuellen Befreiungsaktionen im Wien der 68er haben uns damals nur eingebracht, dass *unsere* Lokale noch mehr von der Polizei kontrolliert wurden. Wir hatten sowieso mindestens einmal in der Woche *Besuch,* jetzt kamen sie halt dreimal in der Woche. Ob sie die – wenn auch nicht offiziell, so doch vorhandenen – *normalen* Puffs auch so häufig frequentierten, weiß ich nicht.

Drei Tage nach der Aktion in der Universität Wien, bei der Wiener Aktionisten in einem Hörsaal auf den Tisch ihre große Seite verrichtet hatten, bekamen wir den üblichen Besuch im traditionsreichen Wiener Szenelokal *Alte Lampe*. Zwei recht fesche junge Polizisten ließen sich das spendierte Bier gut schmecken. Die Stimmung war in Ordnung. Sie war so sehr in Ordnung, dass ich mich traute, meinen Partner, mit dem ich dort war, fest zu küssen.

Der eine Polizist sah das, drehte die Augen nach oben und sagte fast bedauernd: „Das hättest du jetzt nicht tun sollen, Burschi. Komm, gemma!"

Wir (der geküsste Partner und ich) wurden ins Revier in die Wehrgasse gebracht. In einem Raum mit einem großen Konferenztisch in der Mitte wurden – übrigens sehr freundlich – unsere Personalien aufgenommen.

Dann sagte der Polizist – es war noch immer derselbe fesche: „Ich lass euch jetzt allein."

Unter der Türe ermahnte er uns noch: „Aber eins sage ich euch gleich: ihr scheißts mir da nicht auf den Tisch!"

Und ging.

Diese meine Wahrnehmung der *Veränderungen und Aufbrüche* dieser Zeit ist eine sehr persönliche, muss es auch sein, nicht, weil ich es wollte, sondern weil die anderen es wollten. Als *Warmer* l(i)ebte man damals eben im Untergrund, der sich allerdings ganz knapp unter der Oberfläche befand. Jedenfalls ist meine Wahrnehmung authentisch. Leider. Oder Gott sei Dank. Ich weiß es nicht.

IV. Gegentöne

Fanpostsortieren für die Musicbox (Alfred Treiber mit Richard Goll, 1967)
(Foto: ORF)

Alfred Treiber

das große aufmucken _____

revoluzion

hosd
den frechn
untaton
in
mein
jawoi
gheat?

gerhard ruiss

die 60er jahre! zwei wichtige abschnitte: schule & radio …

die schule: erzkonservative dressurinstitution. und wir: lämmer. am anfang.

in der oberstufe beginnt dann das aufbegehren. zunächst gegen den einzigen sozialisti-schen lehrer. der arme musste sich unser ‚moment-wo-kommen-wir-denn-da-hin-wir-sind-doch-keine-kommunisten‘ in stundenlangen diskussionen anhören. mein gott, waren wir damals gescheit …

dann der psychisch total verkrüppelte englischlehrer: strammgestanden! minutenlang. bis sich nichts mehr rührte. und wenn doch: ‚das könnt ihr 60 km weiter östlich machen, ihr kommunisten!‘ …

bis heute verstehe ich nicht, warum für ihn ein paar schüler-muckser das erkennungs-zeichen für kommunisten gewesen sind …

rache: in der maturazeitung habe ich seine ärgsten sprüche veröffentlicht.

vergeltung: ich musste mich über die schulsprechanlage entschuldigen.

genugtuung: die elternversammlung erzwang die versetzung des spinners …

nach der schule war die universität die große befreiung. das hat mich 18 semester sehr in-teressiert. aber auch wieder nicht so sehr, dass ich nicht bereits von anfang an mein be-rufsziel verfolgt hätte.

‚blinkfeuer‘ hieß das dreikäseblatt für die katholische studierende jugend. und ich der dreikäsehoch in form des ‚leitenden redakteurs‘. erhard busek war ‚chefredakteur‘, der mich zur ‚furche‘ hinauskomplimentierte, weil ich nichtmehrheitsfähiges zur blattlinie erklärte und mit literarisch-philosophischen ergüssen die auflage in den keller rasseln ließ. (hab ich schon erwähnt, wie gescheit wir damals waren?)

in der ‚furche‘ durfte ich den schreibtisch von friedrich heer besetzen. in einem finsteren und trostlosen zimmer. noch mehr deprimierte mich aber der kulturchef professor helmuth a. fiechtner (auch so ein professor). nicht nur ein nonplusultra an feigheit in gestalt eines evangelischen superkatholiken, sondern auch an faulheit. jungredakteure waren seiner meinung nach für alles inferiore da und zum zigarettenholen.

da musste ich, da konnte ich nicht anders – als aufbegehren:

ich zum herausgeber: entweder selbständig arbeiten oder gehen!

der herausgeber zu mir: gehen.

und just in diesen tagen der aufruf im radio: mitarbeiter gesucht für eine neue jugendsendung.

also sie, sagte ich zu einem gewissen gaisbauer, *sie* suchen mitarbeiter, *ich* suche einen job – trifft sich doch …

zunächst ging es um eine probesendung (drei kurzporträts über handke, schneyder und bauer), dann war ich dabei. das war november 66 …

aus ‚hallo teenager' (heut wär so ein lächerlicher sendungstitel schon fast wieder megacool) wurde das ‚magazin für teens und twens' – und dann kamen bald die rundfunkreform und die jugendredaktion mit leuten wie alfred komarek, heide pils, erhard busek, wolfgang schüssel, richard goll, andré heller, werner vogt und anton pelinka, um nur die wichtigsten zu nennen.

die jugendredaktion war ein wunsch bachers. frech sollte sie sein und aufmüpfig. sich was trauen. nicht gefallen dürfe ihm das alles! den gefallen haben wir ihm gemacht. und zwar gründlich – in unserer begeisterung über die rundfunkreform und bacher. nicht zu vergessen, dass wir die alten zeiten noch erlebt hatten: die parteiproporzen-ärmelschoner in ihren weißen arbeitsmänteln, die mehr oder weniger ambitioniert ein heute schwer vorstellbares kraut-und-rüben-programm produzierten.

da ‚erfand' bacher am richtigen ort zur richtigen zeit den modernen rundfunk – und für das radio die strukturprogramme. ein unsterbliches verdienst …

und wir waren feuer & flamme und machten in ö3 und ö1 sendungen, als mediale manifestation der vermeintlich gewünschten unverfrorenheit. freiheit, die ich meine. aber so war es nicht gemeint. ein bisserl linkskatholisch, das konnten wir ja alle sein (war ja gott sei dank kein sozi dabei), aber für bacher wurde mit jeder sendung deutlicher, dass wir ihm seinen mercedes wegnehmen wollten. dieses trauma hat ihn jahrelang verfolgt. daher war ihm klar: diese jugendredaktion war ein riesenmissverständnis …

selbst das katholische wurde ihm von diesen rotzern vermiest.

wo bieb die hochachtung vor der herrlichen katholischen hierarchie? wo er doch – davon waren wir überzeugt – lieber papst als generalintendant gewesen wäre …

und natürlich kein respekt vor einer anderen wichtigen institution – dem militär. abschaffen helfen wollten wir es … ‚unter den talaren – der mief von tausend jahren' – mit dieser studentenparole ging es auch noch gegen die altehrwürdige alma mater …

das alles war nicht ganz falsch, es war aber auch weit davon entfernt, ganz richtig zu sein.

das alles war nicht ganz unpolitisch, es war aber auch weit davon entfernt, ganz politisch zu sein.

für uns waren die altvorderen à la bacher, zilk oder gar dalma selbstverständlich keine respektgebietenden persönlichkeiten. sie waren mit ihrem männerbündischen gehabe und den damit zusammenhängenden machtdemonstrationen ‚faschistoide‘ (mit diesem vokabel ging man allgemein recht großzügig um) figuren von gestern. manchmal von vorgestern. oft verbal bekämpfenswert. meist lächerlich. letztlich fast immer wurscht.

alles neue war ‚in‘. ‚in‘ war das wort der zeit. ‚cool‘ war rein gar nichts. und ‚geil‘ war was anderes …

‚in‘ war bei unseren redaktionssitzungen ein gesellschaftsspiel namens basisdemokratie. für den ‚chef‘ (welch lächerliche sache) jedes mal ein ritt über den wöchentlichen bodensee. das programm per mehrheitsbeschluss: maos kulturrevolution am beispiel obligatorischer landarbeit für intellektuelle. wer ist dafür? beschlossen. obwohl niemandem von uns eingefallen wäre, diese zwangsarbeit für sich als sinnvoll zu betrachten. ein interessantes gedankenspiel halt …

oder: dokumentation über die sympathische streikwut der italiener. auch die meisten dafür? gesendet.

oder: am weltspartag muss man doch eine sendung über die sinnlosigkeit des sparens für junge leute machen. ja? passt.

der ‚chef‘ hubert gaisbauer hat unser unbedarftes revoluzzertum in humanistischer grundüberzeugung ertragen. toleranz war für ihn kein lippenbekenntnis und hat ihm jede menge schwierigkeiten eingebracht. ohne je sein rückgrat zu verbiegen …

uns war irgendwie klar, dass es in der organisation orf verantwortung gab. aber eben nur irgendwie. und wen interessierte schon der orf. wir kannten mehr oder weniger nur uns und darüber hinaus nur ganz wenige herrschaften von ‚oben‘. und was sollte man von denen denken, wenn sie die österreicher sogar als ‚dünnschiss‘ europas bezeichneten. so arg waren ja nicht einmal wir. hat uns aber gefallen.

dünnschiss überall …

das konnten wir täglich in ö3 hören.

es war inzwischen 68 und 69 geworden und die musik im großen & ganzen noch immer grauenhaft. das war unsere überzeugung – und die ‚musicbox‘ die heilsbotschaft. 800 protestanrufe anlässlich einer jandl-spezialbox im mai 68 und sowieso täglicher ärger konnten uns nicht eines besseren belehren …

schließlich war doch sonnenklar, dass wir den inneren auftrag hatten, die armen seelen des schlechten geschmacks zu erlösen. das haben wir sehr ernst genommen. (hab ich schon erwähnt, wie blitzgescheit wir damals waren?)

in ö1 konnte sich die obrigkeit noch so sehr ‚die kleine nachtmusik‘ in permanenz wünschen – wir waren eher für luigi nono.

und das literatur‚amt‘ in gestalt des (roten) freimaurers schönwiese und des (schwarzen) cvers stein war sich einig, dass es ohrenscheinlich ganz besonders mir ein anliegen sein musste, ‚dubiose' schriftsteller – so sie den namen überhaupt verdienen – durch das radio zu verbreiten. er, schönwiese, von mir als mittelmäßiger lyriker und moderne literatur verhindernder ‚feind' eingestuft, warf mir sogar in einen mehr als mahnenden brief die ‚förderung wenig relevanter literatur' vor (jonke, jelinek, kofler, wiener, weibl, mayröcker, zenker usw. …).

gleichzeitig bot mir der rowohlt verlag die mitarbeit an, weil ich ‚das literarische gras in österreich wachsen höre' …

heute würde ich ernst schönwiese literarisch milder beurteilen und ihm so wie dem rowohlt verlag antworten. damals war mir in unüberbietbarer arroganz beides keinen ohrenwackler wert.

ich würde heute auch den stellvertretenden reibebaum gerd bacher differenzierter sehen. nicht nur sein null-management-by-angst aus dem vorvorigen jahrhundert, sondern auch seinen unbändigen hang zur qualität. nicht nur sein despotengehabe, sondern auch seine lust an der intellektuellen auseinandersetzung. nicht nur seine menschenverachtung, sondern auch seine amikalen steherqualitäten.

und derlei mehr.

nebbich.

keine kunst, heute vieles differenzierter zu sehen …

was lernen wir daraus?

waren wir ‚revolutionäre'? lächerlich.

wollten wir bachers mercedes? höchstens um ein paar runden damit zu fahren.

waren wir also ‚revoluzzer'? bestenfalls in dem sinn, dass fenster aufgerissen werden mussten, um frische luft reinzulassen. der mief war ja wirklich unerträglich …

wollten wir eine bessere welt?

definitiv.

haben wir gewusst, dass wir das nicht durch radiosendungen erreichen werden?

sowieso.

gelten also nestroys ‚drei miserable kapitel: zwecklose träumereien, abbrennte versuche und wertlose triumphe'?

schön locker bleiben.

denn ohne diese kapitel, dieses ‚sinnlose aufmucken', wäre das ‚everything goes' der postmoderne nicht zu denken und ohne postmoderne nicht der neoliberalismus.

es braucht also niemand um seinen mercedes angst zu haben.

und übers globale reden wir ein andermal …

8 Tage Radioprogramm vom 4. bis 11. Jänner 1964

SAMSTAG
Erstes Programm

Zweites Programm

SONNTAG
Erstes Programm

Zweites Programm

MONTAG
Erstes Programm

Zweites Programm

DIENSTAG
Erstes Programm

Zweites Programm

MITTWOCH
Erstes Programm

Zweites Programm

NACHRICHTENSENDUNGEN FÜR DIE WOCHENTAGE

DONNERSTAG
Erstes Programm

Zweites Programm

FREITAG
Erstes Programm

Zweites Programm

SAMSTAG
Erstes Programm

Zweites Programm

73

Bob Dylan
(Foto: Votava)

Wolfgang Kos

Aus der Kaserne in die Box

Das Wort „Zivildienst" war für den Maturajahrgang 1967 noch unbekannt. Diskutiert wurde hingegen die Frage, ob man sich für neun oder zwölf Monate zum Heer verpflichten sollte. Die meisten entschieden sich für den verlängerten Präsenzdienst, sei es, weil ihnen der damit verbundene Reserveoffiziersrang attraktiv erschien, sei es, weil sie Schnösel waren und keinesfalls mit Nichtgymnasiasten zusammen sein wollten.

„1968", diese Chiffre der Subversion und des antiautoritären Protests, war also in einer niederösterreichischen Bezirksstadt anno 1967 noch ziemlich weit weg. Klugerweise entschied ich mich für den kürzeren Normdienst. Denn während meine Maturakollegen im August 1968 erfahren mussten, dass sie der tschechischen Krise wegen sogar länger als 12 Monate beim Bundesheer bleiben mussten, erlebte ich die aufregenden Tage des August 1968 bereits im Funkhaus, als erste große Informationssternstunde des neuen ORF. Nicht dass ich selbst etwas damit zu tun gehabt hätte: Es war eher das aufregende Gefühl, einer dramatischen und zugleich beklemmenden Newslage irgendwie nahe zu sein. Im Rückblick erscheint mir der August '68, mit den Bildern der Verzweifelten und zugleich Unerschrockenen, die sich in Prag den Warschauer-Pakt-Panzern entgegenstellten und die einmarschierenden Soldaten verhöhnten, emotional stärker verankert zu sein als die Pariser Aufruhrtage des Mai 1968. Das mag damit zu tun haben, dass Englisch damals die Lingua franca eines jungen Popfans war. Wer die Kinks liebte (und anhand von Songs wie „Dead End Street" ein vorsichtig keimendes Gefühl für die Unterschichten erwarb) und für wen Zeilen von Bob Dylan („Don't follow leaders" oder „There is something happening here, but you don't know what it is, do you, Mr. Jones?") intellektuell brisanter erschien als theoretische Schriften, für den war Frankreich, mit oder ohne Pflastersteinen, ziemlich weit weg beziehungsweise grundsätzlich out.

Während meiner Präsenzdienstzeit hatte ich mich, ziemlich frech und unverfroren, bei der neu gegründeten ORF-Jugendredaktion vorgestellt, die damals, geleitet von Hubert Gaisbauer, neben der nachmittäglichen „Musicbox" auch Wortsendungen im 3. Programm gestaltete. Dort verkehrten damals kaum Langhaarige, dafür aber mir erschreckend klug vorkommende „Berufsjugendliche" und Reformgeister wie Erhard Busek, Werner Vogt oder Wolfgang Schüssel. Von heute aus würde man das Milieu der damaligen Radio-Jugendredaktion, aus der in den folgenden Jahren eine Experimentierküche für neue Radiorezepte werden solllte, als linkskatholisch und radikalreformerisch bezeichnen, eher „oberg'scheit" und idealistisch bewegt als wirklich frech oder subversiv. Ein Lieblingswort, um alle Gestrigen zusammenzufassen, lautete „Wappler". Ich glaube, Alfred Treiber hat es popularisiert. Donnernde Wutausbrüche des Generalintendanten über „diese linken Rotzpippen" waren willkommene Bestätigungen des rechten Weges. Zugleich gab es ja den adretten Musicbox-DJ Andreas vulgo André Heller (mit Halstuch als Sensibilitäts-Symbol), der einerseits ein Virtuose der stolzen Anti-Rhetorik war, andererseits aber, wie man mir bald zuraunte, vom polternden Generalintendanten, der offenbar ein heimliches Faible für aufmüpfige Boys hatte, protegiert war.

Sich an die Jugendredaktion zu wenden, war für mich ein logischer Schritt, denn hier fühlte ich mich schon Jahre vorher „entre vous". Einige der Autoren kannte ich aus der katholischen Mittelschülerzeitung „Aspekte", die ich abonniert hatte (etwa Alfred Treiber und seine bildungsprallen Literaturrätsel, Heide Pils oder Alfred Komarek).

Radio in den sechziger Jahren – das war ja das Gegenteil von Rundumberieselung. Mühsam mussten sich pubertierende Popfans wie ich die Rosinen aus dem Programm klauben. Eine neue Beatles-Nummer in „Autofahrer unterwegs"! Manfred Mann bei Eva-Maria Kaiser! Diese später als Austropop-Mutti belächelte Radio-Lady leistete damals einsame Globalisierungsarbeit. Sie fungierte als Importagentur für Horizonterweiterung. Denn Popmusik, wie sie etwa aus „Swinging London" herüberschwappte, war ein Energie- und Lebensstil-Transformator, ein Entfremdungs-Beschleuniger. Sie vermittelte emotionale Rückendeckung für Selbsterkundungen, für die es vor Ort kaum Ermutigung gab. Mittels der Popkultur mit ihrem suggestiven Zeichenangebot konnte man sich ein Bezugssystem aus der Ferne beschaffen, mit dessen Hilfe man zum Herkunftsmilieu auf Distanz gehen konnte. Rund um verbindliche Antikonventionen – Kleidung, Musik, Jargon – entstanden gewissermaßen exterritoriale Bereiche. Die „Musicbox" wurde für viele Jugendliche zu einem zentralen Ort dieses gemeinsam erlebten Draußenseins – sie war, um es mit einem LP-Titel der „Stones" zu sagen, ein „Exile on main street". Denn das war ja das Brisante an dieser Sendung: dass sie mitten auf dem Unterhaltungsdampfer Ö3 ihr Quartier hatte, um 15.05 Uhr. Weidlich wurde diese Zwitterrolle ausgenützt: Jeder Taxler, der nach den 15.00-Uhr-Nachrichten fluchend zum Senderegler griff, bestätigte uns die Richtigkeit unserer Mission. Jeder Betriebsrat, der fluchend anrief und sich darüber beschwerte, dass lautmalerische Extremgedichte von Ernst Jandl duch die Werkhalle dröhnten („Hier ist sie wieder, eure Spezialbox", sagte die supercoole Stimme von Wolfgang Hübsch jeden Donnerstag), belegte einen ästhetischen Bürgerkrieg.

Mein Glück war, dass man bei Ö3 zwar Spezialsendungen für die Jugend machen wollte, aber nicht so recht wusste, wie man so etwas tut. Die Schlüsselspieler der Jugendredaktion waren um einen Hauch zu alt oder zu bildungsbürgerlich, um die Popmusik von innen, also aus der Sicht von Fans, zu kennen. Gaisbauer liebte zwar die glockenhelle Stimme von Joan Baez, Bachkenner Richard Goll bemühte sich redlich, seine klassische Musiksozialisation in Richtung Blues und Rock zu relativieren, Alfred Treiber übertrug sein avantgardistisches Provokationsmodell auf die subkulturellen Ideenträger (und gelangte dabei bis Zappa), Alfred Komarek, dieser Feinmechaniker des halbliterarischen Small Talks, liebte zwar Cat Stevens, hatte aber keine Ahnung, dass man haarende Hauskatzen nicht mit edlen Vinylscheiben spielen lassen darf. Sie brauchten also dringend einen wie mich, nur mit importierten Sendungen von und mit Frank Elstner (ja, der RTL-Star war „Musicbox"-Präsentator, zumindest, bevor uns die Sportler die Samstagsendung wegnahmen!) konnte man ja nicht über die Runden kommen. Ich hatte mindestens vier original britische Popzeitungen zu Hause, kannte mehr als fünf Dutzend Bands beim Namen und hatte mir eine solide Halbbildung in Sachen Popkultur angeeignet (etwa durch frühe Schüleraustausch-Reisen nach London). Mein allererstes Manuskript wurde schneller gesendet, als man mich in der

Kaserne benachrichtigen konnte. Heute muss ich wohl endlich gestehen, dass der Text weitgehend abgeschrieben war, aus einem Merian-Heft über England.

Ich wechselte also binnen weniger Wochen von der Fanrolle zur „Experten"-Funktion. Man könnte auch sagen: Ich wurde zum Propagandisten der neuen Popkultur, war „ghost writer" für die geeichten Profistimmen, die damals unsere Manuskripte abgelesen haben (Hans Gratzer, Walter Gellert, Ludwig Hirsch u. v. a.), und für satirische Doppelconférencen von Heller & Hübsch.

Ein bisschen ärgerte ich mich natürlich darüber, daß die Hörer glaubten, André Heller sei der große „Musicbox"-Zampano. Andererseits saß ich, der schüchterne 19-Jährige aus Niederösterreich, mit offenem Mund am Tisch, wenn dieser große Verführer stundenlang im Alleingang Schmäh führte. Die Jugendredaktion wurde gewissermaßen meine Welterweiterungsschule, ob es sich um Lektüretipps handelte (Handke! Jelinek! Ginsberg!) oder um urbane Gewandtheit, lange bevor ich dann, quasi im Nebenberuf, Unistudent wurde.

Zumindest eine subversive Tat aus dem Jahr 1968 sollte noch gebeichtet werden. Die „Box" veranstaltete über Wochen hinweg, nach dem Cupprinzip, ein großes „Popstarrennen". Jeweils am Samstag traten zwei Stars gegeneinander an (z. B. die Beach Boys gegen Udo Jürgens), die Hörer schickten ihre Stimmen ein – und wir musterten die falschen Briefe aus. So kam es, dass Udo Jürgens früh ausschied und die Bee Gees doch nicht gewannen. Dank einer wahrhaft revolutionären Aushebelung der Wahlordnung gelang es uns, den Rolling Stones zum Sieg über Österreichs „Wappler" zu verhelfen. Bizarre Konsequenz: Den Stones wurde, just durch den damaligen Hörfunkintendanten, einem klassisch geprägten Konservativen, für den der ganze Pop-Schund manifeste Kulturschande war, beim Fest „Ein Jahr Ö3" auf der Bühne der Wiener Stadthalle ein Ehrenpreis für ihren Sieg im „Musicbox"-Championat verliehen. Mick Jagger war leider verhindert, dafür kam Brian Jones angelatscht, damals bereits voll gedrögelt bis zur Selbstzerstörung.

Die „Musicbox" musste erst gar nicht den viel zitierten „Weg durch die Institutionen" antreten: sie war schon mittendrinn, von Anfang an.

Die Erstbesetzung der
Rolling Stones

The Beatles
(Foto: apa)

Hans Krankl / Wolfgang Maria Gran

Sex? Na! Drugs? Na! – Rock 'n' Roll? Ja! _____

Die 60er und Hans Krankl, das ist in erster Linie eine musikalische Beziehungsgeschichte.

Ich habe in dieser Zeit als 1953 Geborener meine Heranwachsung vom Kind zum jungen Fast-Erwachsenen absolviert, und wenn einer glaubt, dass sich da bei mir alles nur ums Kicken gedreht hat, der irrt. Klar war ich mit der „Wuchtel" verheiratet, aber meine Geliebte war die Musik. Vier Götter waren es, die ich angebetet habe: Die Kinks, Dave Dee mit Dozy, Beaky, Mick & Tich, The Move und natürlich die Beatles. Ich habe von ihrer Musik gelebt, und als ich Mitte der Sechziger meine erste Platte in der Hand hielt – es war „Well Respected" von den Kinks –, da habe ich gewusst, das ist mein größter Schatz, den geb ich nicht mehr her. Ich hüte diesen Schatz heute noch als 50-Jähriger.

Muss ich sagen, was es für mich bedeutet hat, als Dave Dee in der Stadthalle aufgetreten ist? Auf meinen Jeans prangten mit Kreide geschrieben die Namen „Dozy, Beaky, Mick und Tich", ich war auf meinem Platz im 3. Rang 150 Meter von der Bühne entfernt, aber ich habe alles mitgeschrien – von „Bend it" bis „Zabadak" – und konnte beim Heimgehen nicht einmal mehr reden. Es gibt schon eine Parallele zum Kicken: Wir waren, kann man sagen, die letzten Parkfußballer, wir haben instinktiv und spielerisch das Richtige gelernt, ohne dass einer mit einem Taktik-Lehrbuch vor unserer Nase gefuchtelt hat. Und mit der Musik war es bei mir gleich: Ich habe auf der Straße alle Hits gesungen, auf der Gassn plärrt, wie man so sagt, aber einen Text hab ich zu dieser Zeit nie gekannt. Es war ja damals nicht so üblich, dass man sich den überall besorgen konnte, also hab ich die Platten in so einem Kauderwelsch auswendig gelernt – ohne zu wissen, was das eigentlich bedeutet. Wenn heute meine „Buam", mit denen ich Live-Musik mache, „Allright now" anspielen, sing ich denselben Kauderwelsch wie damals, aber es stimmt irgendwie. Wobei ich mich später als erfahrener Sänger natürlich auch mit den Texten beschäftigt habe und bei vielen meiner Lieblingslieder erst viele Jahre später kapiert hab, worum's da eigentlich geht.

Was aber zu der Zeit gezählt hat, war das Lebensgefühl, das mir diese Musik der 60er gegeben hat. Ich weiß noch genau, wie mein erster Plattenspieler ausgeschaut hat, mit dem ich im Kabinett in unserer Straßenbahnerwohnung in der Webgasse im sechsten Bezirk meine Heiligtümer abgespielt habe. Es war so ein kleiner grüner Batterie-Plattenspieler mit Mini-Lautsprechern vorne – und diese Frontseite habe ich mit Bildern meiner musikalischen Götter voll gepickt. Einmal ist mein Vater hereingekommen, als ich wieder einmal viel zu laut gespielt habe, und hat gesagt: „Was spielst denn da für a Negermusi?" Und ich weiß noch genau, was ich drauf gesagt habe: „Papa, des san kane Neger. De san alle weiß." Man muss dazu auch wissen, dass der Lieblingssänger meines Vaters zu dieser Zeit Johannes Heesters war.

Zum Papa muss ich noch eines sagen, weil ich das aus dieser Zeit mit in mein späteres Leben genommen habe. Der war der beste Vater der Welt, hat sich alles abgespart und sich um seine Familie in einer Weise gekümmert, die für mich vorbildhaft war. Ich hab, so ko-

Janis Joplin
(Foto: Votava)

misch das für eine wilde Zeit der Auflehnung klingen mag, aus den 60ern das Gefühl für Zusammenhalt und meinen großen Familiensinn mitgenommen. Und ich habe heute meine Mikrozelle mit meiner Frau und den drei Kindern und eine Großfamilie, die mich in jeder Situation liebt. Wobei natürlich meine Beziehung zu den Kindern eine andere ist: Ich diskutiere heute mit dem Johann über Punk, Hardrock und alles, was ihm taugt. Aber ich sag ihm auch: „Bua, setz di her und huach da Led Zeppelin, Deep Purple oder AC/DC an." Und manches davon gefällt ihm heute gleich gut wie mir.

Also, kurz bilanziert: Den Rock 'n' Roll hab ich voll mitgenommen aus den 60ern. Da bin ich geprägt worden, da wurde entschieden, dass ich viel später auch selbst Musik machen und auf der Bühne stehen würde. Mit „sex and drugs" war's bei mir in dieser Zeit nicht weit her. Ich war zwar ein wirklich fescher Bursch, aber sehr schüchtern und habe immer gewartet, dass ich angesprochen werde. Weil das natürlich nicht in der erhofften Frequenz passiert ist, haben mein Freund, der Günter Leber, und ich ein bisserl nachgeholfen. Sonntagnachmittag war, wenn man so will, die Stunde der behutsamen Annäherung. Da war Eislaufen in der Stadthalle angesagt, immer um 14 Uhr, und wenn einem von uns ein Madel gefallen hat, hat sie der andere beim Eislaufen angerempelt und gesagt: „Du, der steht a bisserl auf di. Der möchte mit dir a Runde fahr'n." Ich war als Vermittler für den Günter glänzend, in eigener Sache aber eher matt. Später dann, als wir größer waren, sind wir statt in die Stadthalle zum „Short Stop" bei der Kennedybrücke in Hietzing, einer wunderschönen Disko, zum 5-Uhr-Tee gewechselt, der für uns Buben allerdings schon um 15 Uhr angesetzt war. Weil um 19.30 Uhr, wenn die Großen gekommen sind, bei denen sich die Getränkebestellungen auszahlten, da mussten wir uns schleichen. Ich bin aber auch in dieser Zeit nicht als großer Aufreißer in die Geschichte eingegangen. Es ist kein Zufall, dass ich heute, wenn ich mit meinen Salzburger Freunden von der Band „Onkel Hans" live auftrete, die „Frieda" vom Rainhard Fendrich so gerne singe. Ich kann beim scheuen Bürschchen, das da vom „starken Gustl" Frieda-mäßig ausgebremst wird, einige Parallelen zum jungen Johann erkennen …

Als sexueller Revoluzzer kann ich mich im Rückblick auf die wilden Sechziger also auch mit viel Verklärung nicht erkennen. Und meine Erfahrungen mit „Drogen" beschränkten sich zeit meines Lebens auf einen einzigen Versuch, eine Zigarette zu rauchen. Es war im Loquaipark im sechsten Bezirk, als ich mir eine Nil angezündet habe. Und genau in diesem Augenblick tippt mir mein Vater auf die Schulter, und ich hab eine Watschen gekriegt, dass es mich drei Mal überschlagen hat. Ich hab's dann nie mehr probiert – weil's mir nicht geschmeckt hat, aber auch, weil mir dieser eine Dreifachsalto schmerzlich in Erinnerung geblieben ist.

Außerdem hatte ich dann ab Ende der 60er-Jahre bereits die Ehre, als Jugendspieler mit der Ersten von Rapid trainieren zu dürfen. Und als ich da den Rudi Flögel – mit dem ich selbstverständlich auch in den Spielen per Sie war – zum ersten Mal leibhaftig gesehen habe, da hab ich mich nicht einmal mehr zu atmen getraut. Geschweige denn zu rauchen.

Hippies tauchen auf
(Foto: Votava)

Ludwig Hirsch

November 1968 ⎯⎯⎯⎯⎯⎯⎯⎯⎯⎯⎯⎯⎯⎯⎯⎯

November 1968.
Später Abend. Vollmondschein. Prächtig.
Mein Freund Fritz Prendl und ich in der kleinen sturmfreien Wohnung meiner
Mutter.
Zwei Zimmer mit Balkon.
Irgendwo in Stadlau.
LSD.
Wir werfen uns Pölster zu.
Sie fliegen in Zeitlupe.
Einen werfen wir vom Balkon.
Es dauert eine Ewigkeit, bis er unten ist.
Herrgott, ist das lustig und spannend.
Wir bleiben auf dem Balkon.
Heiß ist uns.
Heiß wie im Dschungel. Mitten im tiefsten Afrika.
Wir bleiben in Afrika.
Die Autos, die unten vorbeidröhnen, sind brüllende Löwen.
Jedes Hupen ist ein Elefant, der trompetet.
Der Wasserhahn, der in der Küche tropft, eine ferne Buschtrommel.
Die orangefarbenen Streifen vom Liegestuhl sind friedlich schlafende
Schlangen.
Sie tun uns nichts.
Der Vollmond ist die glühende unerbittliche Sonne Afrikas.
Schrecklich heiß ist uns.
Wir trinken viel Bier. Auf dem Balkon.
Irgendwann fallen uns die Augen zu. In Zeitlupe.
Am nächsten Tag haben mein Freund Fritz Prendl und ich einen fürchterlichen
Sonnenbrand.
Ich schwörs!

Foto: Archiv des Autors

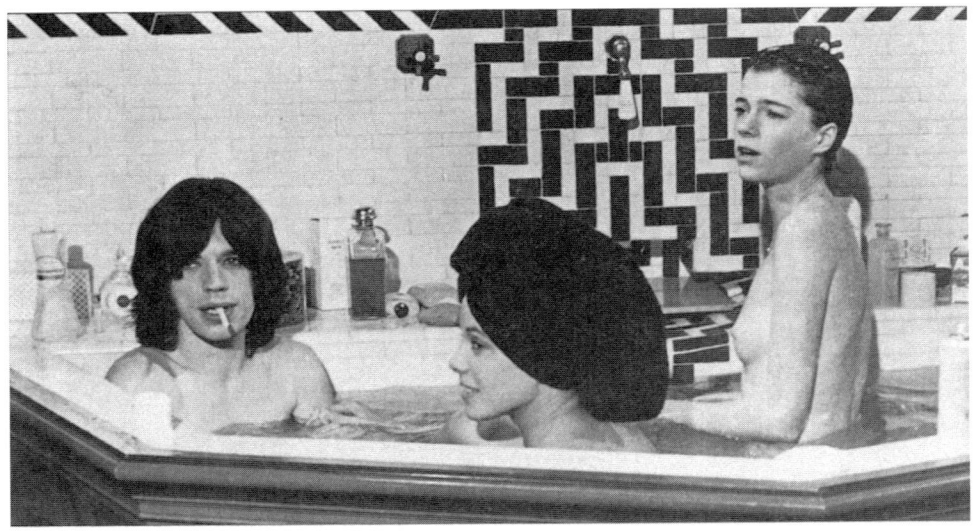

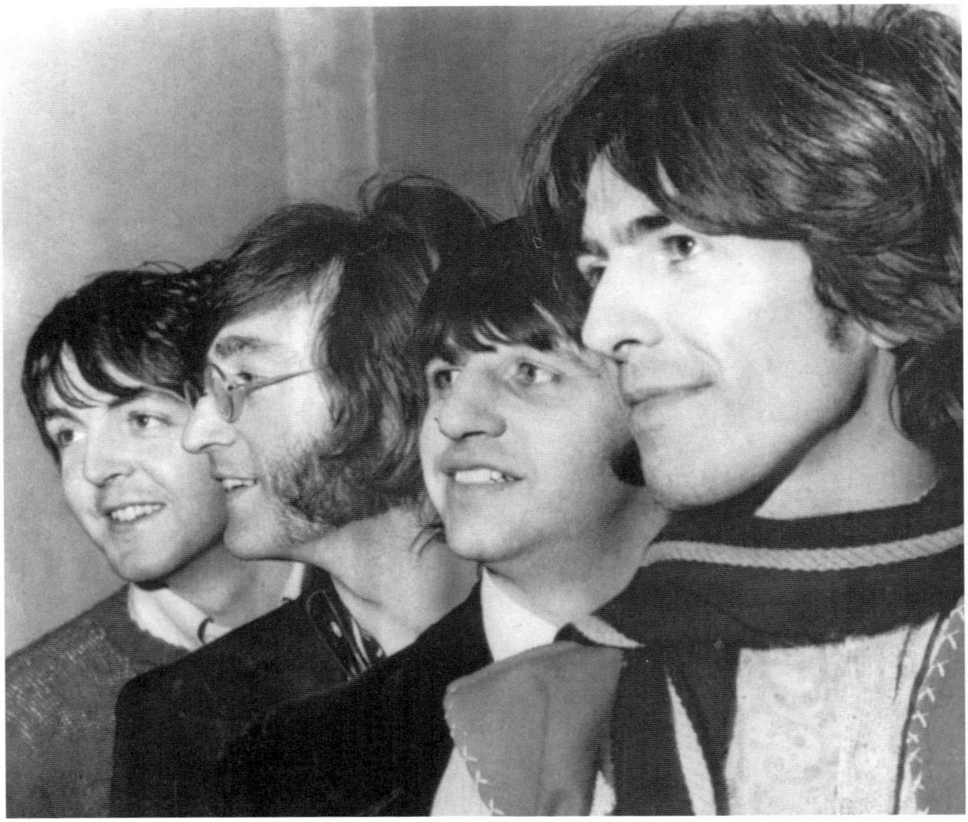

Foto: apa

Georg Danzer

Lebt sich's der Mensch von innen nach außen oder eher von außen nach innen? _____

Ich habe 1965 die Matura gemacht, und das war genau Mitte der sechziger Jahre. In unserer Klasse gab es zwei Fraktionen. Die einen sagten: „… de Beatles san oasch, die Stones san fü bessa …" Und die anderen meinten: „… de Stones san oasch, de Beatles san fü leiwander …"

Es war schon knapp so weit, dass man sich untereinander in die Goschen hauen wollte, weil es den Anschein hatte, als ob auf rein verbaler Ebene keine Klärung dieser Meinungsverschiedenheiten zu erzielen wäre.

Ich gehörte keiner dieser beiden Fraktionen an.

Erstens schon einmal aus reinem Nonkonformismus heraus und zweitens, weil ich die meisten Schulkollegen in meiner Klasse auch eher oasch fand und zu keiner dieser Parteien gehören wollte, und schließlich drittens, weil ich sowohl die Beatles als auch die Rolling Stones sehr verehrte.

Was die einen nicht hatten, hatten die anderen. Einmal war ich sozusagen mit den Beatles verheiratet und die Stones waren meine Geliebte, dann wieder war es genau anders herum.

Ich holte mir jeweils immer das, was ich gerade brauchte. Geborgenheit hier, Abenteuer dort … oder umgekehrt.

Am liebsten wäre es mir allerdings gewesen, wenn John Lennon, Paul McCartney, Mick Jagger und Keith Richards zusammen eine neue Band gegründet hätten.

„The Rolling Beatles" oder „The Beating Stones". Oder „Beatles & Stones". Mit diesem Wunschtraum stieß ich allerdings bei meinen ignoranten und phantasielosen Schulkollegen nur auf Unverständnis, Hohn und Feindseligkeit.

Es sah sogar ganz danach aus, als würden sich die beiden Fraktionen kurzfristig miteinander gegen mich verbünden, um mich in die Goschen zu hauen. Als ich dies merkte, entzog ich mich allen weiteren Diskussionen und Streitgesprächen und lebte von da an sozusagen mehr von außen nach innen.

Ich hörte die Platten zu Hause und sprach mit niemandem mehr darüber.

Als 1967 die „Magical Mystery Tour und „Their Satanic Majesties Request" erschienen, hatte ich meine Matura längst in der Tasche und meine ehemaligen Schulkameraden hatten für mich aufgehört zu existieren. Ich begann wieder mehr von innen nach außen zu leben. Und das bis heute.

Die „Dirtles": Fredi Lang, Schiffkowitz, Erich Reinberger, Boris Bukowski (v. l. n. r.)
(Foto: privat)

Schiffkowitz

Mein Vater und Keith _____

Ich lernte ihn am Kölner Bahnhof kennen, auf dem Weg zurück von London. Gegen meine sonstige Gewohnheit – und auch Weltanschauung – war ich ausnahmsweise nicht per Autostopp unterwegs. Wie ich mir allerdings eine Fahrkarte hatte leisten können, weiß ich nicht mehr. Den direkten Zug nach Graz hatte ich auf Grund eines Streiks der britischen Eisenbahner verpasst, und nun stand ich mitten in der Nacht am Bahnhof – in Köln, wie gesagt – und musste ein paar Stunden auf den Anschluss warten.

So einen wie ihn hatte ich noch nie gesehen. Er war riesengroß, trug einen langen Wintermantel und hatte einen Seesack geschultert. Seine blonden Haare reichten fast bis zu den Hüften und sein Schnauzer – sein Ho-Chi-Minh-Bart, um präzise zu sein – erschien mir nicht viel kürzer. Dazu trug er Cowboystiefel. Mit Sporen.

In Sinabelkirchen, wo meine Eltern lebten, war ich damals einer der zwei Langhaarigen. Was bedeutete, dass meine Haare ziemlich weit über den Hemdkragen fielen und beinahe die Ohren bedeckten. Was wiederum meinen Vater in einen permanenten Pendelzustand zwischen Wut und Depression versetzte. Womit hatte er das verdient? Er, der Herr Inspektor.

Der Gendarmerie-Postenkommandant. Ausgerechnet sein Sohn musste lange Haare und rot karierte Glockenhosen tragen. Und Woche für Woche, anstatt zu studieren, in diversen Lokalen und Wirtshäusern undefinierbaren Lärm produzieren. Den er noch dazu als Musik bezeichnete. Und der zu Hause dauernd aus seinem Zimmer dröhnte.

Wir Langhaarigen. Wir fühlten uns als eine Familie, eine Art Stamm von Gleichgesinnten. Wir waren die neue Generation, wir hatten dieselben Ideale und dieselben Idole. Wir wollten anders sein und zeigten das den Spießern – dem Establishment, wie man damals sagte – sehr deutlich. Was lag also näher, als meinen „Stammesbruder" anzusprechen.

Ich ging zu ihm und fragte, ob er auch Richtung Süden fahre. Als Antwort begann er, wirr mit den Händen zu fuchteln. Ich versuchte es noch einmal. Dieselbe Reaktion. Entweder er spinnt oder er ist schwer auf Trip, dachte ich und machte einen letzten Versuch, schließlich waren wir beide ganz allein am Bahnsteig. Er hob eine Hand, ließ zwischen Daumen und Zeigefinger zirka fünf Zentimeter frei und sagte: „So kleines Deutsche." Also sprachen wir englisch.

Er hieß Keith, wie Keith Richards, war aus Texas und befand sich auf einer längeren Reise quer durch Europa. Er war unter anderem in der Tschechoslowakei gewesen und hatte Orte besucht, aus denen einige seiner Vorfahren stammten. Jetzt wollte er nach Italien und wohin danach, wusste er noch nicht. Später im Zug blieben wir die ganze Nacht wach und redeten. Natürlich auch über unsere Musik. Keith war ganz erstaunt, dass ich noch nie etwas von den Allman Brothers gehört hatte und versprach, mir eine LP von ihnen zu schicken, wenn er wieder zu Hause sei. Als es für mich langsam Zeit zum Aussteigen wurde, tauschte wir unsere Adressen aus und ich sagte zu ihm: „Solltest du irgendwann Lust haben, nach Graz zu kommen, kannst du natürlich jederzeit bei mir wohnen."

Die „Dirtles": Schiffkowitz, Fredi Lang (hinten, v. l.), Erich Reinberger, Boris Bukowski (vorne)
(Foto: privat)

Auch das gehörte dazu. Man lernte unterwegs jemanden kennen und konnte praktisch immer bei ihm, ihr oder ihnen – vorzugsweise auf dem Fußboden im Schlafsack – übernachten. Keith meinte, in einem Monat oder so würde er ganz sicher bei mir auftauchen.

„Pass auf, Folgendes. Ich wohne im ersten Stock, sollte ich nicht da sein" – natürlich hatte ich kein Telefon –, „gehst du in die Kellerwohnung. Dort findest du Ferdi, einen Maler. Bei dem wartest du auf mich, und wenn ich länger weg bin, gebe ich ihm meinen Schlüssel. Good-bye, have a nice trip, hope to see you again." „Sure man. See ya, take care."

Ferdi zeigte mir seine neuen Arbeiten – er hatte inzwischen jede Menge Schnecken gemalt – und ich erzählte ihm ausführlich von der Beat-Metropole London. Von den Wimpy Bars. Von der Regent Street. Vom Leicester Square. Vom Chelsea Drugstore. Von Waterloo Station. Zum Schluss erwähnte ich noch, dass in einem Monat oder so vielleicht ein langer Texaner namens Keith vorbeischauen würde.

Einige Tage später kam ich nach Hause und Ferdi rief mich durch das Kellerfenster zu sich. Ich ging hinunter. Zwischen den Schnecken saß Keith. Ferdi schilderte mir dessen Ankunft. „Ich trinke gerade meinen Kaffee, auf einmal ist da ein Poltern und Klirren auf der Treppe. Die Tür springt auf und ich höre: ‚Are you Fördi?'" – „Yes. And you must be Keith." „That's right." „Welcome. Would you like a coffee?"

Keith war also in Graz. Und er blieb. Lange. Jeden Abend gingen wir in die Weinstube Kodolitsch, wo sich Beatmusiker, Maler, Jazzer, Literaten, kurz alle, die gerade dabei waren, die Welt aus den Angeln zu heben, trafen. Keith war sofort einer von uns. Und jeden Tag aufs Neue kündigte er an, dass er am Abend zwölf Krügel trinken werde, weil das österreichische Bier so schwach sei. Und jede Nacht sank er, nach sechs bis acht Krügeln, erschöpft in seinen Schlafsack und murmelte sein: „Tomorrow, you'll see."

Einmal fuhren wir nach Poppendorf, wo Wilfried und die Crazy Baby Band spielten. Keith war sehr angetan.

Und dann fuhren wir nach Sinabelkirchen. Meine Mutter hielt sich tapfer. Sie glänzte mit ihrem besten Englisch und Keith mit seinen besten Manieren. Und er scherzte. „You want milk with your coffee, Keith?" „No, thank you. Women and coffee must be hot, black and strong." Ich zuckte zusammen, meine Mutter kicherte. Verhalten, aber doch.

„Wenn mein Vater kommt", sagte ich zu Keith, „dann sprich ein bisschen deutsch mit ihm, das freut ihn sicher." „Sure", antwortete er, „I'll try my best."

Es schlug fünf Uhr. Zehn Minuten später, wie immer pünktlich auf die Minute, kam mein Vater in Uniform den Weg zu unserem Garten herunter. In bester Laune, der Dienst war korrekt beendet, ein schöner Abend lag vor ihm.

Er öffnete das Gartentor. Und erstarrte. Wie in einem Zeichentrickfilm, plötzlich eingefroren in der Bewegung. Seinen Gesichtsausdruck kann man nur andeutungsweise beschreiben. Er veränderte sich binnen Sekunden. Blankes Entsetzen, ungläubiges Staunen, Fluchtreflex und die Gewissheit, gleich aus diesem Traum zu erwachen. Was war das da in seinem Garten?

Er, der größte Realist, den ich je kennen gelernt hatte, war ganz offensichtlich im Begriff, an Außerirdische zu glauben. Aber neben diesem Wesen standen unzweifelhaft seine Frau und sein Sohn. Und der sah auf einmal sehr manierlich, nett und adrett aus.

Papa stand noch immer erstarrt da, er hatte sich keinen Zentimeter bewegt. Doch nun begann seine Mimik pure Ausweglosigkeit zu signalisieren. Das Wesen hatte begonnen, sich festen Schrittes und mit klirrenden Sporen in seine Richtung zu bewegen.

Keith war bei Papa angekommen. Er packte den Wehrlosen an der Hand, schüttelte sie kräftig und rief laut und fröhlich: „Hallo! Wie geht es dir?" Das Wesen hatte mit ihm gesprochen. Mein Vater sank etwas in sich zusammen, entspannte sich und eine Aura der Erleichterung umfing ihn. Er versuchte nun seinerseits ein Händeschütteln und sagte mit schwacher, etwas belegter Stimme: „Dank schön, eh guat … eh guat, dank schön." Und nach einer Pause: „Dankschön."

Stefan Weber

Von der Wabbbs-Crew 1966
bis Drahdiwaberl 1969

WABBBS CREW (Dez. 66 – Herbst 68). Wir probten im Kinosaal des Collegium Hungaricum mit 1 Verstärker (50 W) + 1 Box für alle Instrumente + Stimme. Das Schlagzeug (eher ein Kinderschlagzeug) von einem Verleih um 90.- im Monat. Die Gitarren waren spanische Holz-klampfen mit Tonabnehmer. Für heutige Zeiten unvorstellbar. Aber wir spielten mit soviel Feuer und Energie unsere 3 Nummern (I'm a Man, Muddy Waters, Lucille von Little Richard und Gloria von Them), daß es eine Freude war. Außerdem versoffen wir pro Probe 1 l-Fla-sche Strohrum – der billigste Fusel – und das beflügelte. Also – wir hatten Bandfotos, be-herrschten 3 Nummern – die Zeit war reif für den 1. Auftritt. Nur etwas Wichtiges fehlte – wir waren die wildeste Band von Wien und kein einziger Langhaariger war dabei. Die Sla-ves mit Ratzer Karl hatten alle lange Haare – also, ein langhaariger Typ mußte fürs Image her, wurscht ob er spielen konnte.

Wir probten und soffen und warteten auf den großen Durchbruch. Die große Chance kam im Juni 67 – das VOLKSSTIMMEFEST. Unser Repertoire bestand jetzt aus 7 Nummern – al-lerdings, gut konnten wir nur 3 und einen Langhaarigen hatten wir auch noch nicht gefun-den, ein Bassist fehlte (wir hatten 3 Gitarristen).

Bei einem Probeauftritt kamen 3 Fans und es war eine Katastrophe – nichts haute hin. Darauf beschlossen wir, den Gig sausenzulassen – wir schissen uns einfach an. Ausrede: die Verstärker waren kaputt!

Endlich hatten wir einen Langhaarigen und noch dazu einen prominenten Lokalmatador, ‚PAOLILO ROBERT'. Er hatte die längsten Haare von Wien!! 48 cm! Es gab zwar noch Kon-kurrenten, die behaupteten, die hätten längere, aber wurscht, er war der Schönste. – Dafür konnte er nicht Baß spielen und war vollkommen unmusikalisch. Ich, der ich vom Gitarre-spielen keine Ahnung hatte, lernte ihm mühsam die Töne von unseren Nummern. Zweck-los! Er hatte auch kein Rhythmus-Gefühl, aber wurscht, wir sahen jetzt wild genug aus – auch ich hatte jetzt einen Vollbart, und wir konnten es kaum erwarten, es Wien zu zeigen. Musikalisch hinkten wir sowieso immer ein paar Jahre nach. Während manche Bands HEN-DRIX und CREAM entdeckten, grundelten wir noch immer mit Rock 'n' Roll und Rhythm & Blues herum.

Dez. 67. Haus d. Begegnung, Otto-Bauer-G.

Ich war nur als Fan dort und war von den „Shades of Life" mit JOE KOLAR (voc) und RAI-NER KÜHNE (git) begeistert. Joe Kolar schaute extrem aus, und blunzenfett stemmte er sei-nen Mikrophonständer. – Beide sollten später bei Drahdiwaberl spielen – und dann geigte noch RATZER KARL – ein Wahnsinn – er spielte wie Hendrix, nein, noch besser, ein Gott auf der Gitarre. Bei einem Blues-Gitarren-Solo bekam ich ganz nasse Augen.

„Die wildeste Band von Wien"
(Foto: Wiener Stadt- u. Landesbibliothek, Handschriftensammlung)

Ich war natürlich ständig in Sachen ‚wabbbs crew' unterwegs und erzählte überall, daß wir die wildeste Band von Österreich sind und war natürlich bei jedem Wirbel dabei.

Zum ersten Konzert der ROLLING STONES in der Stadthalle ging ich mit einem Schild „WABBBS CREW GREET THE ROLLING STONES". Jeder fragte: Wer ist wabbbs crew? ‚Die wildeste Band von Wien' war die Antwort, dann nahm mir die Polizei das Schild weg (Schlagwaffe).

1. MAI 1968, KPÖ-Lokal, Wieden, Gusshausstraße, UNSER ERSTER AUFTRITT – ein Fiasko!

Nach alter Tradition versammelten sich die braven Kommunisten im Parteilokal, um den 1. Mai zu feiern und Kampflieder wie ‚Arbeiter von Wien' bis ‚Avanti Popolo' zu singen – nur diesmal war alles anders! Plötzlich stand eine Rock-Band auf der Bühne – der Sänger grunzte irgendwas, die Musik war ein gräßlicher Soundbrei, laut und dreckig und auch das Publikum war anders. Ungefähr 20 langhaarige Gammler, mehr oder weniger eingeraucht oder angesoffen, dämmerten dahin.

Nach 15 Minuten war der Saal leer – die Altkommunisten hatten die Flucht ergriffen.

Der Auftritt war wirklich eine Katastrophe, obwohl als Gast Robert Ponger am Klavier mitspielte. Ich war von Anfang an wie gelähmt, verzichtete auf die Show und beschränkte mich aufs Grunzen, Paolilo Robert spielte nicht nur falsch, sondern auch viel zu langsam. Jede Nummer beendete er 1 min, nachdem sie fertig war etc.

Wir spielten nie mehr im KPÖ-Lokal, hatten aber eine Fangemeinde von ungefähr 20 Gammlern. – Der 2. Auftritt in einem Pfarrheim wurde vom Pfarrer nach 20 min abgebrochen, nachdem ich die Katholische Jungschar unflätig beschimpfte. Musikalisch waren wir viel besser – ich lieferte eine Show, sprang von der Bühne und tanzte im Publikum, die Mädchen ergriffen die Flucht.

Wir spielten nie wieder in einem Pfarrheim.

Jetzt wartete aber die große Herausforderung auf uns, DAS VOLKSSTIMMEFEST – und heuer spielen wir!

Das Volksstimmefest 1968

Die anderen Gruppen waren so fad und schlecht, daß wir wie ein Tornado alles wegfegten.

Ich zappelte wie der Mick Jagger, und sogar Paolilo Robert beherrschte alle Nummern.

Immerhin spielten wir vor ein paar tausend Leuten, und der Ruf als wilde Showband machte die Runde in Wien. Andere Gruppen waren musikalisch besser, aber bei uns spielte es sich ab, auf der Bühne.

Herbst 1968

Ich nenne die WABBBS-CREW um – in WABBBS-GUN – warum weiß ich nicht mehr.

Bei unserem 1. Flugblatt ist alles drauf, was mir wichtig ist, ZAPPA, CLAPTON, MARLON BRANDO, LITTLE RICHARD, RATZER KARL, KINSKI etc.

Wir proben neue Nummern, treten aber kaum auf – es gibt Streitereien wegen der Nummern. Joshua B. entpuppt sich als Beachboyfan und geht. Wir sind musikalisch zu schwach (technisch), um Hendrix od. Zappa nachzuspielen, und bleiben noch immer im Pretty-Things-, Kinks-, Bo-Diddley-Fahrwasser. – Schon Dust my Broom in der Fleetwood-Mac-Version ist zu schwer.

Frühling 1969

Robert Paolilo flieht vor dem Bundesheer nach München, schließt sich einer linksradikalen Studentengruppe an und stirbt 1971 an Heroin – auch Gary Jung kommt nur mehr sporadisch.

Mai 1969 – WABBBS GUN löst sich auf. – DRAHDIWABERL wird gegründet.

Von der alten Partie bleiben nur Anato Plojhar und ich. Der neue Leadgitarrist wird Rainer Kühne – jetzt können wir schon kompliziertere Nummern spielen – Ten Years After, Fleetwood Mac.

Wir singen englisch und heißen wienerisch ,Drahdiwaberl' – die Dialektgruppen heißen englisch ,One Family', ,Maleformation' und singen im Wiener Dialekt.

15. MAI 1969. 1. Auftritt d. Drahdiwaberl vor ca. 50 Leuten in der Maske.

SOMMER 69. Ich erlebe die ,Edgar Broughton Band' in London – diese Undergroundband ist das Härteste, was ich je gesehen habe – das große Vorbild – so müssen wir sein.

HERBST 69. Es geht los.

Mit freundlicher Genehmigung des Autors. Geliehen von der Wiener Stadt- und Landesbibliothek, Handschriften-Sammlung.

Rudi Dolezal

Der Soundtrack unserer Jugend _____

wogegen wir kämpften,
wovon wir träumten
und *welche Musik* wir dabei hörten

Es war die Zeit von *„Atlantis"* / Donovan, *„Proud Mary"* / Creedence Clearwater Revival, *„Lay Lady Lay"* / Bob Dylan und *„I'm Free"* / The Who.

Und ich war eigentlich nur „irrtümlich" nicht persönlich in Woodstock anwesend, als *Richie Heavens „Freedom"* brüllte und *Country Joe McDonald* „Give me an F, give me an U, give me a C, give me a K – what's that spell – F U C K", eine Hymne gegen den Vietnamkrieg.

Aufgesogen habe ich (nachträglich) den Spirit und vor allem die Musik von Woodstock allemal – und natürlich hatte ich lange Haare.

Es war aber auch die Zeit eines verkrusteten österreichischen Schulsystems, in dem Mittelschullehrer im Geschichtsunterricht ungestraft Hitler und das Dritte Reich verherrlichten, und es war die Zeit meines Klassenvorstandes Zirnig, eines Sadisten, der nicht müde wurde, mir zu versichern, dass ich mit „solchen Ansichten" (gemeint war u. a. Woodstock und das Streben nach mehr Schuldemokratie) und meinen langen Haaren bei ihm die Matura nie schaffen würde.

Er sollte sich irren, das unfreiwillige Andenken an diesen bösartigen Menschen behielt ich allerdings noch Jahre nach meiner erfolgreichen Reifeprüfung *(„Mrs. Robinson" / Simon & Garfunkel)* in Form eines immer wiederkehrenden Albtraums:

Ich säße noch einmal bei der schriftlichen Matura mit Zirnig (Latein) und er nimmt mir grinsend die Arbeit weg („Das wird nicht reichen, Dolezal"), bevor ich schweißgebadet aus dem Traum aufwachte.

Ich schwankte damals (als Jugendspieler des Fußball-Clubs VIENNA, inzwischen in die Bedeutungslosigkeit der Regionalliga Ost abgestiegen) zwischen dem Berufswunsch, Linksaußen (eh klar) der österreichischen Fußball-Nationalmannschaft werden zu wollen oder aber meinem Idol Che Guevara folgend (sein Poster hing an der Wand meines Zimmers), Revolutionär zu werden *(„Born to be wild" / Steppenwolf)* und wurde schließlich Wiener Landesschulsprecher (gewählt von allen Schulsprechern Wiens).

Wir kämpften für mehr Schuldemokratie, Pressefreiheit für Schülerzeitungen und vor allem für den Zivildienst als Alternative zum Bundesheer *(„The Unknown Soldier" / The Doors).*

Den Widerspruch zwischen unseren pazifistischen und gewaltlosen Idealen *(„Give Peace a Chance" / John Lennon & The Plastic Ono Band),* die uns schließlich den Erfolg des Zivildienst-Gesetzes bringen sollten, und unserem Selbstbild (Langhaariger) Revolutionäre *(„Revolution" / The Beatles),* überbrückten wir mit lauter Musik *(„In-A-Gadda-Da-Vidda" / Iron*

95

Carlos Santana, einer der Helden von Woodstock

The Who
(Foto: Votava)

Butterfly, „Jumpin'Jack Flash" / The Rolling Stones, „Sunshine of Your Love" / Cream) – und den ersten Haschisch-Joints.

Zu Letzterem zeigte sich für mich, wie wichtig sachgerechte Information gewesen wäre, denn ich fand trotz wochenlanger Suche (in Fachzeitschriften wie BRAVO) keine Antwort auf meine brennende Frage, ob Haschisch süchtig mache (wie dies von Eltern und Lehrern immer wieder behauptet wurde). Als wir schließlich todesmutig unser erstes Hasch kauften, rauchten wir es irrtümlich mit Pfeifentabak meines Vaters, den wir vorher aus seinem Schreibtisch entwendet hatten, worauf wir uns stundenlang mit großer Übelkeit halb bewusstlos am Boden unseres Wohnzimmers wälzten *(„Dizzy" / Tommy Roe)*.

Es war natürlich auch die Zeit der hemmungslosen, freien und so herrlich naiven Liebe *(„Venus" / The Shocking Blue)*.

Ich fand bald heraus, welch ungeheures Privileg ich durch den Umstand genoss, dass meine Eltern beide berufstätig waren und ich daher jeden Tag bis 18.30 Uhr zu Hause absolut sturmfreie Bude hatte *(„Whole Lotta Love" / Led Zeppelin)* – die aparte Ilse mit ihren schönen langen Haaren half mir dabei *(„Lady Madonna" / The Beatles)*.

Meine Antwort auf die Ungerechtigkeiten rund um mich war – präzise Artikulation:

Ich dachte, wenn ich mit meinen Freunden die Missstände schonungslos aufzeige, werden wir sie beseitigen *(„I've Gotta Get A Message To You" / Bee Gees)*.

Es folgten TV-Auftritte auch in einer Diskussionssendung namens „Ohne Maulkorb", die

Led Zeppelin
(Foto: Votava)

später meinen Lebensweg entscheidend beeinflussen sollte *("Spinning Wheel" / Blood, Sweat & Tears).*

Der ORF lud mich als „goscherten" Schülervertreter ein, der es den Politikern hineinsagte und nichts bewirken sollte *("Those Were The Days" / Mary Hopkin).*

Und wir schufen uns unser eigenes Sprachrohr, die Schüler- und Jugendzeitung KRITIK, die ich zusammen mit Markus Peichl (später „Wiener") und Andi Egger (später „Rockproduktion") gründete und die eine bunte Mitarbeiterschar anzog *("Come Together" / The Beatles),* etwa den späteren SPIEGEL-Korrespondenten Hans Peter Martin, heute Abgeordneter zum Europaparlament, dem immer wichtig war, in den Redaktionskonferenzen darauf hinzuweisen, dass er sich als Vorarlberger und „Innerredaktionelle Opposition" verstehe – also dazugehöre und gleichzeitig nicht dazugehöre *("Hush" / Deep Purple).*

Nie hatten wir Zweifel, dass wir die Guten und die anderen die Bösen waren – herrlich, diese Mischung aus Naivität, Selbstüberschätzung und Chuzpe *("Fire" / The Crazy World of Arthur Brown).*

Wir zögerten keinen Augenblick, in der KRITIK alternative Schulmodelle vorzustellen und für das österreichische Schulsystem zu reklamieren:

Bei Summerhill (einem antiautoritären Schulversuch in England) lagen wir genauso daneben wie bei der Rudolf-Steiner-Schule (die später mit rechtsradikalem Gedankengut in Verbindung gebracht wurde) – *("Stand" / Sly & The Family Stone).*

oben: Die Bee Gees
unten: Frank Sinatra, Shirley Mac Laine, Maurice Chevalier (1960)
(Fotos: Votava)

Rudi Dolezal
während eines Rock-
festivals in Glasgow
1969 (mit Genesis,
KINKS und Sly & the
Family Stone)

Was ist geblieben von der Radikalität, der Lust an der Veränderung und dem Lebensgefühl *(„Piece Of My Heart" / The Holding Company &. Janis Joplin)*?

Ich glaube daran, dass einen diese frühen Lebensjahre prägen, einem die Wurzeln erhalten bleiben und man sich Irrtümer und Fehler eingestehen und seine Haltung trotzdem
bewahren kann *(„My Way" / Frank Sinatra)*.

Geblieben ist auch die Musik, der Soundtrack unserer Jugend.

Und natürlich die langen Haare.

Jim Morrison von den Doors (Foto: apa)

Flower Power beim Woburn Abbey-„Love in" (1967)
(Foto: Votava)

Roland Neuwirth

Meine haarige Zeit

Eine Abrechnung

Werte Zeitgenossen, geschätzte Jugend, liebe Nachgeborene, die ihr heute so modisch-selbstsicher einherschreitet und für meinesgleichen hochbetagte Greise bestenfalls ein gnädiges Lächeln übrig habt: Wir haben für euch gelitten! Zwar nicht wie Jesus Christus, aber ein Kreuz war es trotzdem. Wir mussten einiges einstecken, nur weil wir aussahen wie er. Eines ist sicher: Dass ihr heute so aussehen dürft, wie ihr wollt, ist gewissermaßen unser Verdienst. Die Leute sind in diesem Punkt toleranter geworden.

Wer, frage ich euch, empört sich heute noch über lange Männermähnen oder Bärte? Wen entsetzt noch der Anblick eines radikal Glattgeschorenen mit sieben Ohrringen und Zungenpiercing? Welche jungen Leute müssen mit offener Aggression rechnen, nur weil sie sich so herrichten? Niemand muss das, Gott sei Dank. Aber das war nicht immer so. Ganz im Gegenteil.

Dabei: ein echter Hippie war ich nie. Da war keine Zeit für „Flower-power". Ich hatte andere Sorgen. Jeden Tag um sechs auf und zur Arbeit. Und 72 war schon meine Tochter da. Der wahre Geist der 68er hat mich sozusagen nur gestreift.

Den richtigen 68ern, den Studenten und Intellektuellen, bin ich kaum begegnet. Nur immer den Leuten auf der Straße. Für die war ich ein „Reservechristus". (Der damals gefeierte Sänger und Gitarrist Walter Frey benannte seine Gruppe deswegen „Jesus h.c.".) Sie haben sich sogar vor mir bekreuzigt, was ja noch irgendwie originell war. Sonst ist ihnen nicht viel eingefallen, das Stereotyp „Rasputin" vielleicht und „oabeitsscheiches Gammlergfrast". Höchstens noch die Steigerung: „Heislrozz, i reiß da 'n Boat aus!"

Zweimal wurden sie sogar tätlich, nur wegen der Haare und dem Bart. Von „Love & Peace" oder „Freedom" war also bei mir keine Spur. Diese „Freedom" nahmen sich vielmehr die verkappten Nazis heraus und schikanierten mich bei jeder Gelegenheit. Es kam auch vor, dass solch ein „verhaschter, arbeitsscheuer Gammler" von Passanten festgehalten wurde, um ihm die verhassten „Zodn" abzuschneiden. Trug ein Langhaariger keinen Bart, hieß es: „Bist du a Madl?" Oft genug klebten sie den Burschen hinterrücks abgelutschte Zuckerln in die Haare. So waren sie, die Leute. Da kann ich leider nicht viel Erfreuliches berichten. Eine haarige Zeit.

Nicht wenige dieser Langhaarigen waren ganz normale Arbeiter, brave, nützliche Mitglieder der Gesellschaft sozusagen, alles andere als „arbeitsscheue Gammler". Aber wir wurden aufgrund unseres Äußeren so genannt. Zugegeben, ich sah nicht gerade so aus, wie sich die Mutter einer ordentlichen Tochter ihren zukünftigen Schwiegersohn vorstellt. Es kam ja schließlich darauf an, nicht so auszusehen. Ich war erscheinungsmäßig, wie man so sagt, vorn dabei. Ich habe meine vorgeschriebenen Joints geraucht (und sogar inhaliert!), aber vor LSD war die Angst zu groß. Einige sind vom Trip nicht mehr richtig zurückgekommen. Doch hin und wieder einen Zug aus dem „Ofen" zu nehmen, das musste irgendwie sein. Heute kann ich es ja zugeben: Ein Achterl Weiß war mir lieber. Meine erste Begegnung mit dem „Stoff" lehrte mich, dass nicht alles Schokolade ist, was in einem Stanniolpapier angeboten wird.

Das sei Haschisch, hat da der eine gemeint. Ich und noch ein anderer waren so aufgeregt, dass wir fast in die Hose gemacht haben. Er hat ein gewaltiges Stanitzel zusammengedreht. Nach den ersten zwei Zügen hat er dann gefragt: „Nau? Wirkt's?", und wir haben uns fragend angesehen und bedeutsam genickt. Und als der Joint aus war, haben wir weiter genickt.

In Wirklichkeit bin ich in jeder freien Minute nur mit der Gitarre herumgesessen. Beatles, Stones, klar. Von Bob Dylan waren mir die Texte zu schwer. Und die Langhaarzeit der 68er hat ja schon so um 64 begonnen. Nur zaghaft, aber für uns damals eine komplette Umorientierung.

Mein Bruder bringt aus London auf einmal eine „Single" mit: „A Hard Day's Night"! Die Sensation. Bei uns noch nicht im Umlauf. Mehrstimmiger, hoher Gesang zu ungewohnt lauter Musik. Das Cover war dunkelgrün und ohne Abbildungen. Auf die Frage, ob die Frauen hübsch seien, die da singen, sagt er: „Das sind Männer. Die Beatles. Die machen Beatmusik."

Die Leute schüttelten entweder den Kopf oder sie meinten, wenn das Männer seien, könne es sich nur um wahnsinnig gewordene Eunuchen handeln. Wir sollten gefälligst leiser drehen, dieser Krawall wäre ja nicht auszuhalten, ob wir denn „derrisch" seien usw.

Also mit vierzehn gleich einen Schaller-Tonabnehmer auf die Wandklampfe montiert, als Verstärker ein hölzernes Minerva-Radio. Für die Teenager-Party im Prater (beim Holzdorfer auf der Terrasse, hinter dem Ringelspiel). Ein Schlagzeuger ist zufällig vorbeigekommen, und so haben wir gleich sechs Stunden gespielt. Mit „Beatles-Frisur": hinten hinaufgeschert bis zum Wirbel und vorn die Stirnfransen bis über die Augenbrauen. An die Mädchen kam ich selten, weil ich immer spielen musste.

Der Weg zum Friseur war wie der Gang zum Henker. Ein Kampf um jeden Millimeter. „Ob des da Herr Papa erlaubt?", hat der Herr Würz gesagt. Und sofort hat er den Aufsatz seines Schurapparates auf kurz gestellt. Das Peinlichste war, wenn mich die Eltern „zum Nachfaconnieren" wieder hinunterschickten. „Das Packl muss weg", musste ich sagen. Natürlich war von einem „Packl" (z. B. à la Bill Haley oder Elvis Presley) nicht die Rede. Lediglich der „Verlauf" war etwas weniger verlaufend ausgefallen. Und die wartenden Kunden tippten sich an die Stirn: „Haschisch, Beatles, Trottels!"

Ich spielte dauernd Gitarre und wollte natürlich Musiker werden. „Da musst du aber Notenlesen können!", hieß es immer wieder. Das aber lag nicht so sehr auf meiner Linie. Eine mir aufgezwungene Zitherlehrerin versuchte, sie mir beizubringen. Sie roch nach Knoblauch und Hustenbonbons und kam erst nach einem Jahr drauf, dass ich gar nicht vom Blatt las, sondern alles auswendig spielte. „Lern lieber einen sicheren Beruf", legten mir meine Eltern nahe. Der sichere Beruf war Schriftsetzer. Er ist seit 20 Jahren ausgestorben.

Schon an meinem ersten Tag als Lehrbub belehrte man mich mit den Worten: „Lange Haare – kurzer Verstand!" Ich sollte sofort die Anordnung der Lettern in den Setzkastenfächern auswendig lernen. Diese unzähligen flachen Kästen steckten in Regalen, nach

BRAVO-Stars des Monats April: Die Beatles

Schrifttypen und deren Größen geordnet. Zum Hinaufheben auf die Arbeitsfläche brauchte es zwei Leute, da die Bleilettern solch einem Kasten ein ziemliches Gewicht gaben.

Der mir zugeteilte Geselle zog mit mir einen meterlangen Kasten heraus. „Vorsicht!" sagte er. Es handelte sich um den kleinsten gängigen Schriftgrad, „Nonpareille" genannt. Dementsprechend stecknadelklein waren die Lettern. Dadurch passten auch sehr viel mehr davon in ein Fach. Rund 100 Fächer gab es. Manche beinhalteten ungefähr 1000–1500 solch winziger Buchstaben. Als nun der schwere Setzkasten herausgezogen war, ließ ihn der Geselle absichtlich fallen. „Jö, so a Pech!" grinste er. Vor mir lag nun ein riesiger Haufen Blei am Boden. „Klaubs auf", sagte er, „do leanstas glei richtig!" Ich hatte das natürlich nicht während meiner Arbeitsstunden, sondern in meiner freien Zeit zu tun. Meine Finger und meine Lunge waren vom Bleistaub und der Druckerschwärze wie asphaltiert. Einwände halfen nichts, denn alle hielten zusammen und meinten, sie hätten gesehen, dass ich den Kasten fallen ließ. Und der Chef war sowieso der Ansicht, solche Gammler wie ich sollten in Zwangsarbeit gehalten werden.

Die anderen Lehrlinge hatten kurze Haare. Wahrscheinlich hatten sie einen längeren Verstand, denn sie blieben von derlei Dingen verschont.

Meine erste E-Gitarre war zuckerlrosa, hatte vier Tonabnehmer und einen Hebel! Ich war 16 und gab mein ganzes Geld für die Musik aus. Und ununterbrochen für Schallplatten: Cliff Richard And The Shadows waren auf die Seite gelegt. Jetzt war „House In The Country" von den Pretty Things ganz oben auf meiner Liste. Besonders das Gitarrensolo. Nur mehr von Steve Winwood mit der Spencer Davis Group geschlagen. „Keep On Running", „Gimme Some Lovin'", „Georgia On My Mind" ganz besonders und „Nobody Loves You" sowieso. Und dann auf einmal der absolute Wahnsinn: Jimi Hendrix! „Voodoo Child", „Foxy Lady", „Purple Haze", „The Wind Cries Mary"!!! Dagegen verblasste sogar der Clapton mit den „Cream". Der Hendrix war für zwei Auftritte im Konzerthaus, zwei am selben Tag. Da bin ich natürlich sofort hin (6. Reihe, Mitte!). Das Nachmittagskonzert war so laut, dass ich zwei volle Tage stocktaub war. Ich glaube, alle waren das. Und der zweite Auftritt soll noch lauter gewesen sein.

Unsere Band hat immer nur geprobt. Am Laaer Berg oben. Die einzigen Zuhörer waren ein paar Burschen von der Band im Nachbarhaus. Der Probekeller war mit Eierkartons tapeziert. Keiner wusste warum, aber das hatte irgendwie sein müssen. Und zur Leadguitar hat man Sologitarre gesagt, obwohl immer alle mitspielten.

Dann gingen wir ins „San Remo" (die spätere „Camera") und hörten uns den Charlie Ratzer mit den „Slaves" an und sahen, wie's richtig geht. Da wurden gleich ein paar Schmähs abgespechtelt. Seine Chuck-Berry-Begleitung verwende ich bis zum heutigen Tag.

Aber ich war immer ein Zerrissener. Authentischer Blues und Gospel, klassische Musik oder ein gutes Wienerlied waren mir mindestens genauso wichtig. Ich war der erste Langhaarige, der sich für die Maly Nagl interessierte. Meine Freunde lachten mich dafür aus. Mein Äußeres deckte sich sozusagen nicht ganz mit meinem Inneren. Nicht nur die Haare waren lang, auch die „Glockenhose" war ausgefranst. Sie war oben hauteng und unten weit ausgestellt. Wir zogen sie praktisch nie aus. Sogar in die Badewanne stiegen wir mit ihr. Und je wilder sie aussah, desto besser. Mein Vater setzte einen spöttischen Grinser auf und zitierte: „Mein Sohn, durch die Lücken deiner Kleidung schimmert deine Eitelkeit!" Aber seine Haare wurden langsam auch immer länger.

Die Selbstsicherheit kam erst langsam. In den Arbeitspausen lasen wir keinen Castaneda, sondern lieber Sartre, Camus, Hermann Hesses „Steppenwolf" oder die „Publikumsbeschimpfung" von Handke und zitierten lauthals Artmanns Villon-Übersetzung, namentlich die „Ballade von den Verleumderzungen". Wir wurden sozusagen verbal aufmüpfig.

Die Popmusik war mir oft zu weiß und künstlich. Und das Hineinsingen in die Flöte gefiel mir von Jeremy Steig besser als das von Ian Anderson. Im Jahr 1968 war ich 18 und trat schon mit dem Kontrabass in den Jazzclubs auf. Ein Riesentrumm.

Es war zwar kein Platz mehr in meinem Kabinett, aber ab dem Zeitpunkt war ich sowieso bald nur mehr in den Klubs zu finden. Bis 4 Uhr früh. Dann unausgeschlafen zur Arbeit fahren, Swing & Dixie im „Storyville", „Red Lion", „Martinschlössel", im „Modern Jazz Club – Café Josefinum" einige Sessions, später dann im „Jazzland". Das Nachtessen war öfter beim Obenaus. Hineingekommen ist nur, wer das Geheimzeichen wusste: die Hand auf die Glasscheibe. Oft versackten wir im „Savoy". Das „Knopfloch" im 18. Bezirk war nur den Eingeweihten geläufig.

Ein Auto besaß ich nie (auch noch keine eigene Wohnung). Aber ich wusste ganz genau, in welchen Wagen meine „Hütte" passte, und wie.

Häufig war ein Fußmarsch von der Inneren Stadt zurück nach Dornbach angesagt. Der Bass war dabei mit einem Wäschestrick über die Schulter gehängt. Ich ging schon deswegen oft lieber zu Fuß, weil mir die Bemerkungen der Leute in der Straßenbahn zu genant waren. Der Strick schnitt ziemlich ein. Und das Bassschleppen ging natürlich ordentlich in die Beinpartie. Vor allem: Nach vier oder fünf Stunden spielen – ohne Verstärker – hatte ich die Finger vom kräftigen Anschlagen voller Blutblasen, Hornhautbildung hin oder her. Im Haus kein Aufzug. Mit dem Trumm in den 3. Stock, dann leise aufsperren und zuerst ins finstere Schlafzimmer der Eltern, wegen dem Nähzeug. Wegen der Nadel, um die Blasen aufzustechen. Immer hatte ich vergessen, eine mitzunehmen. Ich war leise wie ein Indianer, aber mein Gewand roch so streng nach Geselchtem, dass sie aufwachten und das Fenster aufrissen.

Das Bundesheer wollte naturgemäß von „Love & Peace" nichts wissen. Und der Wehr-ersatzdienst war noch nicht wirklich eingeführt. Deswegen musste man entweder untaug-lich oder ein Zeuge Jehovas sein, wenn man sich das Heer ersparen wollte. Es gab nur we-nig gute Schauspieler, die imstande waren, Untauglichkeit vorzutäuschen. Einer rückte mit schulterlangen Haaren ein und schrie die ganze Zeit so laut, bis sie ihn einlieferten. Aber der Trick wurde durchschaut und er bekam eine Zivilstrafe. In der Kaserne waren außer mir noch fünf oder sechs, die versuchten, sich einen Schnurrbart stehen zu lassen oder den vorgeschriebenen Haarschnitt nicht ganz so militärisch wörtlich zu nehmen. Wir trafen uns meistens beim WC-Reinigen, im Bau oder bei sonstigen Strafdiensten wieder. Noch sieben Tage vor dem Abrüsten wurden wir von dem damaligen Oberleutnant zu Strafmärschen ein-geteilt. Er war in der ganzen Kaserne als klassisches Sadistenschwein bekannt. Immer hatte er ein paar Lieblings-Gefreite oder Korporale um sich, die nach seinen Opfern Ausschau hielten.

Als ich mich Jahre später nach ihm erkundigte, hieß es, er wäre Militärpfarrer geworden.

Der Jazz driftete in den frühen Siebzigern mit Charles Lloyd dann auch in die Flower-po-wer-Richtung ab. Am meisten fuhr uns das Klavier von Ramsey Louis mit „The Incrowd" in die Knochen. Pharao Sanders trug einen Gurumantel und machte auf Transzendental. Un-ser Schlagzeuger, der Gitarrist und ich kamen uns als Rhythmsection mit unserem Dixie-land langsam ein bisschen blöd vor und begannen musikalisch auszureißen. Scott-Lafaro-Stile: mit dem Bogen gespielte Basssoli und unisono mitsingen, dann mit den Sticks auf den Saiten, dann viel Becken und total „free". Das passte natürlich nicht in ein Swing & Di-xie-Programm. Die Haare berührten schon den Steiß und der Bart fast den Nabel. Dazu ein Jeanskapperl und Stiefel mit hohen Absätzen. Wir waren nämlich „progressiv" und „kri-tisch", so genannte „Protestler". Und „alternativ" waren wir sowieso.

Unsere Kinder wurden „gewaltfrei" erzogen. Wir wollten die Watschen von unseren Eltern nicht an die Kleinen weitergeben. Und prinzipiell waren wir damit sicher auf dem richtigen Weg. Doch die sog. „antiautoritäre Erziehung" war natürlich schon von Haus aus ein kom-pletter Schwachsinn. Die Kinder der fanatischen Summerhill-Anhänger terrorisierten ihre ganze Umgebung, ohne je zurechtgewiesen zu werden. „Der Christoph muss sich frei ent-falten können!", hieß es, oder: „Mein Kind ist antiautoritär erzogen!" Letztere Aussage wurde einer jungen Mutter zum Verhängnis. Ich kenne es nur aus Erzählungen, als ein Herr im Su-permarkt auf sein mit Erdbeereis beworfenes Hosenbein schaute, die Senftube nahm und damit die Mutter bespritzte: „Ich auch", sagte er.

Helmut Qualtinger als „Herr Karl" (1961)

Während die Liedermacher im Folkclub „Golden Gate" von Melanie immer noch nicht genug hatten und mit dem Peacezeichen auf dem Nachthemd durch die Gegend liefen, tauchte Franzi Bilik in den Jazzclubs mit der Geige auf. Er war der Begründer der so genannten „Dialektwelle" und ich bin stolz, dabei gewesen zu sein. Diese erste „Welle" nannte man „Protestwelle". Die Liedermacher sangen nun deutsche „Protestsongs", waren sozusagen „die Linken". Und sogar das Radio und die Plattenfirmen haben sich noch etwas in dieser Richtung getraut. Nach und nach haben es auf dieser Welle „Die Schmetterlinge" zu beachtlich professioneller Breitenwirkung gebracht.

Wir waren nicht so vordergründig politisch engagiert. Ich glaube, wir hatten politisch kein sehr ausgeprägtes Bewusstsein. Der Ehrgeiz, etwas wirklich durchzustarten, fehlte uns auch. Vielmehr wollten wir den Nahkampf mit dem Publikum. Dessen erzürnte Reaktionen freuten uns diebisch. Wenn die Frechheiten, die wir dem Publikum an den Kopf warfen, keine offene Aggression auslösten, konnte es sich nur um einen misslungenen Auftritt handeln. Unser Idol war Helmut Qualtinger.

Dabei gaben wir eigentlich nur dem Brechreiz nach, den damals das regionale Radioprogramm bei uns hervorrief. Die beliebteste Seniorensendung (neben dem „Wunschkonzert") hieß „Ein Gruß an dich". Unsereins nannte sie die „Erbschleichersendung". Darin schickten Enkelkinder ihren Großeltern über das Radio Glückwünsche. Sie gipfelten in schweißtreibenden Regionalschlagern, Operettenarien und Wienerliedern. Sie waren so unüberbietbar kitschig, dass man sie – heute betrachtet – eigentlich schon wieder als gut bezeichnen muss. Aber damals waren wir Jungen von singenden Klosterschwestern („Dominique"), singenden Schlossern („Hejo, Blue River Baby"), rothaarigen Zwillingsbrüdern („Sing ein Lied, little Banjoboy …") oder heimatlosen Lolitas („Seemann, lass das Träumen") geradezu umzingelt. Wir wurden ununterbrochen von Freddy Quinns, Vico Torrianis, Heintjes oder den wienerischen Pendants, wie z. B. Rudolf Carl oder Lutzi Beierl, verfolgt. Die ganze Weit war ein einziges Wunschkonzert, nur: wir hatten es uns nicht gewünscht. Schon gar nicht, dass uns diese Hausmeister vorschrieben, wie wir zu leben hatten.

Bilik verfasste anfangs wienerische Texte zu den Jazzstandards. Die Zeile „I'm gonna sit right down and write myself a letter" wurde von ihm zu „A int'ressanter Job is Bombenattentäter" aktualisiert. Und das grausliche Wienerlied „Amoi möcht i no a klaner Lausbua sein" begann mit „Amoi mecht i no als Biaberl in Mauthaus'n / zuaschaun wias die Jud'n mit'n Giftgas braus'n …". Das waren die wenigen Auftritte mit unseren „Brogressiv-Schrammeln". Und mehr hatten wir auch nicht gebraucht. Die Leute rannten uns mit erhobenen Fäusten nach. Wir hatten uns auf unsere Art gerächt und ihnen den Spiegel vors Gesicht gehalten. Wenn ich heute an die damaligen „Protestsongs" anderer Formationen denke, kann ich nur lachen.

Wir wollten sogar bei Heinz Conrads im Fernsehen auftreten, und zwar mit dem Lied „Husch husch, in d'Gruabn!". Es richtete sich gegen die Alten, die tagelang am Fenster lehnten und die jungen Leute beschimpften. Wir dachten, unter Vortäuschung eines anderen Liedes diese für uns widerwärtige Sendung zu sprengen. Unser Fluchtweg aus dem Funkhaus war schon festgelegt. Leider brachten wir in Erfahrung, dass die Conrads-Folgen gar nicht live ausgestrahlt wurden, sondern Aufzeichnungen waren.

Als wir – in einem Anfall von Hirnverbranntheit – mit Franzi Biliks Satiren eine Platte aufnehmen wollten, hörten wir im Studio das Playback von Wolfgang Ambros, „Der Hofer", laufen.

Im Nachhinein gesehen sind die Dialektlieder von damals leider in selbst gestrickten Amerikanismen stecken geblieben. Wirklich eigenständig war nur die Sprache. Da keine ihr adäquate Musikrichtung entstand, wurde auch sie schließlich unter der Bezeichnung „Austropop" zu den Akten gelegt. Der Rundfunk gab der lokalen Sprache immer weniger Chance. Das Ruder steuerte die deutsche „New Wave" an. Die nächste Generation sang bereits englisch.

Ich glaube, dass die 68er für die nachfolgende Zeit in vielen Punkten wichtig waren. Doch sie sind keinesfalls zu verherrlichen. Dass sie nämlich auch das weltweite Drogenproblem mit sich brachten, steht immerhin auf demselben Blatt. Ich habe zwei Freunde dadurch verloren. Einer war der brillante Gitarrist Hans Duijmic. Er brachte mich 1973 an die Musikhochschule und veränderte damit mein Leben. Ich möchte ihm nun wenigstens posthum dafür danken.

Werte Zeitgenossen, geschätzte Jugend, liebe Nachgeborene, ehrlich gestanden: Ich bin froh, nicht mehr jung sein zu müssen. Man sagt, erwachsen wird man von alleine. Mag sein, denn zu guter Letzt habe ich es ja auch geschafft. Ich habe mich sozusagen selbst gefunden. Die Frage ist nur, unter welchen Umständen.

V. Die Sechziger im Abendrot

Lukas, Angela, Peter & Willi Resetarits im Dezember 1960, als das Jahrzehnt und die Resetarits-Buben noch jung waren (Foto: privat)

Auf der Suche nach der vergangenen Zeit ⸺

Gespräch zwischen Lukas, Willi und Peter Resetarits über die 60er Jahre

Sonntägliche Speisegebote und ein wenig Weltpolitik

PETER: Wir haben in den sechziger Jahren jeden Sonntag zum Mittagessen gehabt entweder Gerstlsuppe oder Grießnockerlsuppe, als Hauptspeise Schnitzel und als Nachspeise im Winter halberte Pfirsiche, und des Beste war, im Juni und Juli die zerdrückten Erdbeeren mit Schlag aus dem Garten, Ananasgatsch hamma dazu gsagt …

WILLI: … Erdbeeren haben in den sechziger Jahren noch Ananas geheißen.

PETER: Der Rhythmus am Sonntag war immer, dass man aufgewacht ist, da hat der Vater immer „Was gibt es Neues?", die „Singende, klingende Wochenplauderei" mit Carl de Groof und Gustl Zelibor …

WILLI: … und Heinz Conrads …

PETER: … gehört. Des hab ich aber nicht mehr ganz gehört, weil ich hab ja in die Kirche ministrieren gehen müssen. Die Kirche hat um halb neun begonnen, was mi eh immer geärgert hat, weil es kaum eine Verbesserung zur Schule war. Und dann war die Kirche aus und die Mutter hat immer gschaut, dass sie viel Zeit einspart …

WILLI: … damit sie dann am Nachmittag ihre Ruhe hat …

PETER: … und hat immer ganz schnell kocht, die Schnitzel im Backrohr gmacht und gschaut, dass man möglichst noch vor elf das Mittagessen einnimmt, und im Radio hat meistens a Frühschoppen gspült, a Blasmurrer. Und einmal in die sechziger Jahr, kann ich mich erinnern, haben wir – des muass im Mai oder Juni gewesen sein, i hab mi schon gfreit – Erdbeeren endlich! Die hab i schon gsehn in der großen Schüssel in der klanen Küche …

WILLI: … wir haben immer in der kleinen Kuchl gessen, obwohl des Wohnzimmer eh groß gnua gewesen wäre …

PETER: … spätestens 11.15 Uhr sind Schnitzel gessen worn, meistens fette …

WILLI: Die Schnitzel warn o. k., an die sechziger Jahr' sind de Schnitzel net schuld …

PETER: … des Schnitzelfleisch war net so gut, hab i damals gfunden. Es waren schon Flaxen und fette Stücke dabei …

WILLI: … des is, weil du heikel bist …

LUKAS: Karreeschnitzel hat's manchmal geben.

WILLI: Es war schon so, dass man in den sechziger Jahren de Schnitzel im Schweinefett ausgelassen hat. Und man hat auch noch nicht die Küchenrolle gehabt, mit der man die Schnitzel abtupft … wir haben allerdings das Schmalz auch noch selber auslassen, Sautanz hat's gebn …

PETER: … a halberte Sau is kommen und die is im Keller ghängt.

WILLI: Der Herr Eckmaier is immer kommen mit einem langen Messer aus dem Weltkrieg, das schon ganz dünn geschliffen war, des was früher vielleicht a brade Klingen gehabt hat, die war schon ganz dünn, vom vielen Wetzen …

PETER: Die Geschichte war die: Ich freu mich endlich auf die Erdbeeren mit Schlag, des fette Schnitzel war gessen, die Suppe is a schon lange gegessen, dann endlich werden die Erdbeeren mit Schlag auf den Tisch gestellt, fangt der Wickel an zwischen dem Willi und dem Vatern über den depperten Vietnamkrieg, wie ich mir damals gedacht hab. Wo da Vater den Standpunkt vertreten hat, die Partisanen – die Vietcong – san rechte Gfraster, weil die sich kane Uniformen anziehen und dass des überhaupt a Witz is, dass man Krieg führt, indem man sich überhaupt kane Uniformen anzieht, denn des waß er no selber aus dem Weltkrieg. Da Willi hat auf jeden Fall die Vietcong für gut befunden, und mir wieder is des besonders auf die Nerven gegangen, weil – Vietcong guat oder schlecht – der Vater dann den Tisch umghaut hat und der Ananasgatsch is dann auf dem Boden glegen. Wegen der Vietcong hat's bei uns am Sonntag keine Erdbeeren mit Schlag geben! Der Vietnamkrieg is ma damals in die falsche Kehle gekommen, weil i mir dacht hab: so was Unnötiges!

Fürs Leben lernen

LUKAS: Mir is beim Herfahren eingefallen, wie restriktiv die sechziger Jahre zum Teil waren. In der Schule in der Ettenreichgasse, da bin i in die Oberstufe gangen, da haben wir in den Pausen im Kreis gehen müssen, wie im Häfen, in Fünferreihen, und der Grund war, dass sich niemand anlehnt an die Wand, dass die nicht abgeschält wird, dabei war das ein glasharter Sicherheitsanstrich, den hast trotz aller Anstrengungen beim besten Willen nicht einmal mit dem härtesten Messer ritzen können!

WILLI, PETER: !!!

WILLI: Die Schulwarte haben das Regime geführt, die Architekten haben einen wunderbaren Schulhof gebaut, 1961 eröffnet, die Schulwarte haben gsagt, wenn die Schüler ins Freie gehen, dann zahn sie den ganzen Dreck eine. Also: Glasbau, dünne Wände und aufgeheizt im Sommer – und niemand hat auße dürfen, ganz leer is der neue Schulhof gstanden, damit die Schüler kan Dreck einezahn und die Schulwarte nicht putzen müssen.

LUKAS: Da erinnere ich mich an Professor Muckenhuber – der hat nur an Arm ghabt und hat mit dem wirklich in den zerbombten Schulen Wiens das Skelett eines Höhlenbären aus dem Bauschutt zusammengeklaubt. Hat alles mit dem Rucksack in die Schule tragn, in sein Kammerl in der Ettenreichgasse, und ist dann bald fertig geworden. Da hat er erzählt, wie ihm einmal der Rucksack durchgerissen is …

WILLI: … na, des war, wie er Steine aus dem Wienerwald mit der Tramway heimbracht hat, und auf der Opernkreuzung, wo noch a Polizist den Verkehr geregelt hat, hats erm den Rucksack mit der wertvollen Mineraliensammlung zerrissen.

LUKAS: Er hat auch alle zerbombten Schulen durchstöbert für seine Mineraliensammlung. Jedenfalls: Der Höhlenbär ist dann in der Schule auf einem Podest gstanden, vorm Naturgeschichtskabinett in voller Schönheit, und die Kinnlade hat so einladend gewirkt, dass der Walker Karl, ein Kollege von mir, dem Höhlenbären einen ganz zarten, fast angedeuteten Kinnhaken gegeben hat, worauf sich das Skelett auf zuckerwürfelgroße

Bundespräsident Franz Jonas
(Foto: Votava)

Stücke zerlegt hat. Da is dann so a Häuferl gelegen und auf die zwei Stangerln san dann je ein Rückenwirbel gehängt. Und da Walcher Karl, mein Kollege, hat dann ein Jahr lang jede Woche mehrere Stunden nach dem Unterricht mit dem Muckenhuber verbringen müssen, um den Höhlenbärern dreihändig wieder zusammenzubasteln.

WILLI: Besagter Muckenhuber war auch sehr scharf gegen das Trinken und Rauchen und hat darauf auch einen Gutteil der Stunde verwendet …

LUKAS: … vor allem, wenn er zuvor einen beim Rauchen erwischt hat, mich zum Beispiel. Hinter uns ist er einmal im zehnten Bezirk gegangen und wir – oder ich – haben geraucht. Daraufhin hat er uns – oder eigentlich mich – in der Naturgeschichtsstunde herausgeholt und hat mir so a Blattl zum Kauen gebn … *(Handy läutet)* Servas Thomas, Na, na, nur a Interview, a Gespräcgerl, sonst gehts mir gut …

PETER: Da fällt mir noch eine Geschichte aus der Schulzeit in Floridsdorf ein. Unsere Schulzeit war ja geprägt vom großen Sohn Floridsdorfs, Franz Jonas, der dann Bundespräsident war. Aus heutiger Sicht ist des so etwa, wie man in anderen Ländern Diktatoren verehrt. Da haben wir das Leben und Wirken des jungen Franz Jonas von der Schriftsetzerlehre über die Arbeiterjugend zum Bürgermeister lesen müssen, ich hab des heute noch parat. Und die Frau Lehrerin hat da immer eine ganz erhobene Stimme bekommen, wenn sie über den jungen Franz Jonas, wie er über die Felder Floridsdorfs gewandelt ist, geredet hat. Da san auch Broschüren austeilt worden und Biographien, des war fast so was wie Personenkult …

LUKAS *(beendet sein Gespräch, räuspert sich vernehmlich im Hintergrund):* … dass ich des fertig erzähl: Der Muckenhuber hat mir also so a Blattl geben, in der Früh is er ja immer auf die Gstettn gangen, wo die Ratzen umgrennt san und die Hunde sich erleichtert haben, und hat gsagt: „Kau das!" Und i hab des kaut. Des hat nach wenigen Sekunden mörderisch zum Brennen angefangen und er hat immer wieder gfragt: „Na, spürst schon was?" Und i hab gsagt: „Na, nix". Und da hat er besorgt gfragt: „Noch immer nix?" – „Na." – „Dann spucks aus." Und i: „Jetzt hab ichs gschluckt". Da san so Biokristalle drinnen, die san in die Zunge eine – des is viel ärger als Rauchen. Nach zehn Minuten bin i aufgstanden und hab gsagt: „Mir is so schlecht." Hat er mi hamgehen lassen.

Mens sana

LUKAS: Wie wir beim FAC gespielt habn, da san ma zu Meisterschaftsspielen mit der Straßenbahn gefahren, das Sepperl, der Zeugwart, mit zwei riesigen Rucksäcken voll Dressen und an Arbeitslosenfahrschein und wir haben kriagt Fürsorgefahrscheine vom Sozialamt oder sonstwo. Da san ma quer durch Wien zum Straßenbahnerplatz in der Raxstraße gfahren, Schüler-, Jugend-, Juniormannschaft – alle drei Kader quer durch Wien per Fürsorgefahrschein und die Dressen in zwei riesigen Rucksäcken mit öffentlichen Verkehrsmitteln transportiert. Wobei die Rucksäcke ja a Relikt der fünfziger Jahre waren, in den sechziger Jahren hat jeder erwachsene Mann, der schon der Hutpflicht unterlegen ist, a Aktentasche, a ziemlich geräumige, ghabt.

PETER: Mir fällt zum Turnen und die Dressen noch ein: Bei uns in der Volksschule, aber auch in den ersten Jahren der Mittelschule war es noch so, dass, wenn man turnen gegangen ist, hat man niemals nach dem Turnen geduscht, so war es bei uns zumindest,und wenn man a Turnsackerl gehabt hat, so hat man im September ins Sackerl a schwarze Clothhose und ein weißes Leiberl einegebn und des hat ma des Semester über ghabt. Aber es wär niemand eingfalln, dass man die Turnsachen wechselt.

LUKAS: Da Peter is ja schon die Leiberl-Generation. Wir haben ja keine Leiberl tragen dürfen. Des war wahrscheinlich wegen der Gleichheit. Vielleicht hätt dann aner a Leiberl und zehne kans ghabt – deshalb hat keiner ein Leiberl ghabt …

WILLI: Turnen war barfuß, nur a schwarze Hosn …

LUKAS: … ohne Innenslip.

WILLI: I was jo net, ob der Turnunterricht heute a no so is, aber damals hat da Lehrer pfiffen, und dann haben sich alle nach der Größe aufgestellt, hinter einer Linie, die am Rande war, und dann san ma in dieser Reihenfolge nach der Größe ein paar Runden grennt, außen herum. Dann zu viert abzählt: eins, zwo, drei, vier; eins, zwo, drei, vier.

LUKAS: Und wenn man unruhig war, haben wir im Nachmittagsunterricht die ganze Doppelstunde im Kreis rennen müssen.

PETER: Aber hygienemäßig war es tatsächlich so, des is heute unverständlich, dass man des Turngwandl ins Turnsackerl eineghaut hat, des hat man im September kriagt und im Februar gwaschn …

für erwartungsvolle...

WILLI: Nachtrag zur Hygiene: Wir waren dann in einer neuen Schule, Anfang der sechziger Jahre, mit Duschen, aber die hat niemand benützt.

LUKAS: Es hat ja niemand a Handtuch mitghabt …

WILLI: … und dann hätt sich ja auch a jeder geniert, denn des war absolut unüblich, dass man sich gegenseitig nackert sieht. Des wär erst ab Mitte der sechziger Jahre möglich gewesen. Da hats a no so Duschen gebn für die Fiaß, aber erst ab Mitte der sechziger Jahre.

PETER: Mei Blinddarmoperation in den sechziger Jahren hab ich nur deshalb bekommen, weil ich in der Schule nicht aufs Klo gehen konnte, weil die Klotür in der Schule hast erstens einmal nicht zusperren können und zweites hats ka Klopapier gebn, weshalb ich nie aufs Klo gangen bin und mit schwersten Bauchkrämpfen einmal von der Mutter mit'n Fahrradl heimgfahrn worden bin und dann vermutet worden is, dass i a Blinddarmentzündung scheinbar hab, dann bin i Blinddarm-operiert worden und nur knapp an an Darmverschluss vorbeigegangen.

Zur Dialektik von Klopapier und Maturazeugnis

LUKAS: I hab 65 maturiert und in den Ferien überall gearbeitet. Damals hats des Phänomen des Klopapierstehlens gebn. In einem Betrieb, habens damals ausgerechnet, dass die Leit zwanzigmal am Tag scheißen gehen müssten, was den Papierbedarf betrifft. Des haben sich die Leit mit hamgnommen. Damals kamen ja auch die gehäkelten Klopapierschoner auf, hinten im Auto, als billige Variante zum Dackel mit dem Kopfbeutler, der war schon etwas teurer. Diese Häkler, Klopapier- und Kaffeekannenschoner, des war damals sehr beliebt.

Ein Phänomen ist, über des red ma immer wieder, die Wertigkeit der Matura fürs Berufsleben. Des war damals, 65, wie i mit dem Maturazeugnis rausgangen bin, wenn i in die erstbeste Bank eingegangen wär, die hätten sich niedergekniet vor mir, den Boden geküsst und mi sofort angestellt. Des war unglaublich. Etliche Kollegen von mir san sofort in der Zentralsparkasse oder sonst irgendwo untergekommen. Wennst heute vergleichst, was du mit an Maturazeugnis anfangen kannst …

I jedenfalls hab dann gleich inskribiert. Die Inskription an der Uni Wien, des war ein amtlicher Vorgang, die höchsten Autoritäten waren die Pedellen, die das Regime geführt habn. Da warst in Fünferreihen angestellt, 200 Meter … Testuren hast braucht nach jeder Vorlesung. Beim Rohracher nach der Hauptvorlesung im Audimax, da warn 850 Leut drinnen, und da Rohracher hat immer die Vorlesung so beendet, er hat dann ein neues Thema angfangt und ganz schnell, mitten im Satz, is er außegrennt, und da san die Studenten die Treppen hochgebrandet mit'n Studienbüchl: „Bitte, Herr Professor." Später hast dann die Stempel kriegt im Büro. Aber manche habn darauf bestanden auf ihre eigenhändige Unterschrift. Da hat man sich Vorlesungen in der Philosophie gesucht, wo nur drei Hörer hineingegangen sind. Beim Kainz z. B., weil da hast locker die Testur kriegt und auch gleich das Kolloquiumzeugnis, wennst ihn besucht hast im Büro, da hat er sich so gfreut, wennst übers Wetter gredet hast, hat er gleich a „Gut" gebn …

Danach war i weniger in der Mensa, i bin häufig in die WÖK in der Babenbergerstraße gangen, selten auch ins neue Institutsgebäude, wo so ein reservierter Holzverschlag war für die Professoren, wie im Akademietheater, mit einer Tafel in fehlerfreiem Bühnendeutsch: „Nur für Schauspieler des Burgtheater" …

Kleiderordnung und Koedukation

LUKAS: In der Unterstufe, die ich in der Reinprechtsdorfer Straße verbracht hab, da war bis Anfang der sechziger Jahre Jeans-Verbot, des wurde aber schon damals in den Zeitungen thematisiert, weil die Eltern und Schüler – Schüler warn nur – argumentiert haben, da san so hinige Möbel in der Reinprechtsdorfer Straße, wo überall die Nägel rausstehen, da wär a Jeans angebrachter als a samtblauer Anzug. Aber in der Ettenreichgasse war die Jeans dann schon vorhanden. Wobei es so war, dass man mit dem Geld, das man sich in den Ferien erarbeitet hat, dann schon in die Judengasse gefahren ist für die Jeans. In die Surplus-Geschäfte der Amis hat man dann die abgelegten Sachen bekommen. Dann ist aber auch aufgekommen, was i von der Inge, meiner Frau, weiß, die Miss-London-Boutiquengeschichte.
WILLI: Vorher hats in der Berggasse noch a Gschäft gebn, wo's alte Eisenbahnerjacken gebn hat, die sehr in Mode warn für Möchtegern-Gammler.
  Aber, apropos: Selbstverständlich hats keine Koedukation, selbstverständlich hats nur Bubenschulen und Mädchenschulen gegeben, und da wurde sehr streng darauf geachtet, dass Mädeln und Buam net zusammenkommen, weil, da könnt ja was passieren …
LUKAS: … und im 10. Bezirk haben sie sich dann beim Tichy im Eisgschäft troffen.

Massenmobilität und Individualtourismus

LUKAS: Was i verbind mit die sechziger Jahre, des war diese unbändige Zu-Fuß-Geherei. In der Oberstufe bin i dann von Floridsdorf in die Schule gfahren in den 10. Grundsatz war, die Straßenbahn nach der Schule nicht benutzen, sondern zu Fuß zur Schnellbahn zu gehn. Man ist mit einer Selbstverständlichkeit zu Fuß gegangen, des is a interessante Gschicht.
  Am Anfang, wie's die Schnellbahn no net gebn hat, bin i zum 31er und O-Wagen gangen und hab alle Schularbeiten in der Straßenbahn gmacht in eineinhalb Stunden Fahrzeit. Des war a andere Mobilität.
PETER: A die ersten Urlaubsreisen, kann i mi erinnern. Der Vater hat sich im 65er Jahr a Auto kauft, wir habn eins der ersten Autos ghabt. Da san ma 65 auf Urlaub gfahrn nach Umag, wo ma des Zelt vom Herrn Imre mitghabt ham …
WILLI: … des Auto war a ausborgt …
PETER: … da san ma zu fünft mit an Auto und Zelt nach Umag gfahrn und da Vater hat den Führerschein noch nicht so lange ghabt und net so guat fahren können, hat's ihm bei Bernstein so draht mit dem Auto …

**Er hat's nicht nötig anzugeben.
Denn wer in seiner Klasse ist 1. schneller?
Liegt 2. besser in der Kurve? Ist 3. sparsamer?
Beschleunigt 4. besser? Hat 5. mehr Kofferraum?
Wer?**

In 26 Sekunden von 0 auf 100 km/h. (Und beim Überholen sind oft Sekunden entscheidend für Ihre Sicherheit!)

Es gibt gute Autos mit viel und mit verflixt wenig Kofferraum. Der Kadett ist ein sehr gutes Auto mit sehr viel Kofferraum.

Kurvenneigung kennt er kaum. Seine Zentralgelenkachse hebt sie nämlich auf.

Und überhaupt: Er ist ein Opel. Ein echter Opel mit einem echten Opel-Motor. Kennen Sie einen zuverlässigeren?

EIN PRODUKT DER GENERAL MOTORS

OPEL Opel Kadett

DER ZUVERLÄSSIGE IN DER EIN-LITER-KLASSE

LUKAS: … des war auf der Fahrt nach Stinatz, da hab i mitn Lenkrad so gegengelenkt, des Heck is vorkommen und da Vater hat fest weiter nach links draht …

PETER: … und a Radio hats net geben im Auto und irgendwie is ma drin gsessn, so dass jeder bei längeren Reisen 2 Reisetaschen + 1 Plastiksackerl zwischen die Fiaß ghobt hat. Und der Vater und die Mutter habn immer gsungen, kroatische Lieder und solche, wo der ane Refrain immer gelautet hat: „Mit der Büchse schlug sie an den Baum". I hab mi nie fragn traut, was des eigentlich soll, was ma mit einer Büchse gegen an Baum macht, i glaub, es war a Jägerlied, oba i hab ma damals dacht: Ananasscheiben, Pfirsich …?

Auf jeden Fall, gsungen is viel worn im Auto und die Mutter hat immer Äpfel gschält und Orangen, und dann war immer der große Moment: Was macht man mit der Schale. Wo alle gschaut habn, wann ma s' außehaun kann, wann grad niemand kommt. Wenn dann, dramatisch aufgebaut, der Moment da war, hat's ghassn: „Schau, dass d' in Straßengraben triffst!" Dann haben alle zruckgschaut. Aber so wars doch immer, oder?

ALLE: Ja.

PETER: Äpfel san gschält wordn, Orangen san gessn worn, du hast dann immer vorn sitzen dürfen …

LUKAS: … ja, nach der Rettungsaktion von Bernstein hab i immer den Kopilotensitz kriagt. 66 hab i dann den Führerschein gmacht und bin eine Woche nach der Führerscheinprüfung als Chauffeur gfahrn und hab Kanalräumer transportiert. Beim Arbeitsamt am Esteplatz habn s' gfragt: „Wie lange haben s' denn schon den Führerschein?" Hab i gsagt: „Vierzehn Tage, aber i bin schon a Jahr schwarzgfahren!" – „Ah, na guat. Habn s' a Auto?" Hab i ma dacht, des klingt guat, wenn i ja sag. Hab i gleich mit dem Vorverkaufsschein nach Heiligenstadt fahrn müssen, bin i gfahrn mit die Kanalräumer, und des war a ganz a alter VW-Bus, habn s' gsagt, do oben in der Gassn steht a, so a grüner. Der war so, da hat ma den Startschlüssel einegesteckt, die Zündung aufgedreht und dann auf den Knopf drücken müssen. Des hab i aber net gwusst, jetzt hab i den Schlüssel halbert abbrochen, bin i zurückgegangen und gsagt: „Der springt net an." – „Muasst den Knopf drucken, Depperter!"

Dann hab i von dort, von Heiligenstadt, in den vierten Bezirk fahren müssen, natürlich ka Einbahn gwusst, obwohl des ja net so wirr war wie heute, aber trotzdem hab i eineinhalb Stunden braucht, in den 4. zu kommen. War i verschollen. Irgendwo im 4. bin i ganz lang gegen eine Einbahn gfahrn, a ganz schmale Gassn, und die Leit habn alle so blinkt und deut, und am engsten Stück bin i stehn bliebn und hab bei einer Einfahrt umdrehen müssen. Damals war a Stau net so häufig, aber da war dem ganzen 4. Bezirk großräumig auszuweichen.

WILLI: Ich kann mich erinnern, dass du nachher erzählt hast, dass die Kanalräumer immer beim Einsteigen gsagt habn, wie viele Kinder sie zu ernähren haben.

LUKAS: Ja, i habs dann schon ganz guat können, i hab zwar kan Drehzahlmesser ghabt, aber nach dem Gehör immer gschaut, dass i den Wagen auf Touren halt, und i war auch damals der Meinung, innerhalb von Wien brauchst sowieso niemals auf die 4. zu schalten. Und da bin i gfahren durchs verbaute Gebiet mit an 80er, aber mit der 3. Und da hats hinten schon außebrennt beim Auspuff und immer auf zwa Radln um die Ecken. Und de hinten gesessn san, habn g'sagt: „Schnurzl, wast eh, i hab drei Kinder!" Schnurzl – weil

Irgendwo in Spanien
scheint immer die Sonne

Deshalb finden Sie dort in jeder Jahreszeit Ihr erträumtes Ferienparadies: Ideale Strände an drei Meeren, imposante Gebirge, welt berühmte

Baudenkmäler und Kunstschätze, liebenswerte, gastfreundliche Menschen. Und preiswerte Hotels für alle Ansprüche. Die schönsten Urlaubsziele in Spanien

erreichen Sie in wenigen Stunden mit der IBERIA, Spaniens Luftlinien. Sie widmen nur ihren modernen

Maschinen noch mehr Aufmerksamkeit als ihren Passagieren.

Buchen Sie jetzt bei Ihrem Reisebüro! Informationen erhalten Sie auch bei den Büros der Spanischen Fremdenverkehrsämter in: Frankfurt/Main, Bethmannstraße 50-54; Düsseldorf, Graf-Adolf-Str. 81; Hamburg, Ferdinandstr. 64-68; München, Oberanger 6; und der IBERIA, Spaniens Luftlinien, in: Frankfurt/Main, Kaiserstr. 61; Düsseldorf, Graf-Adolf-Str. 81; Berlin, Budapester Str. 20 a; München, Karlsplatz 5; Stuttgart, Königstr. 54 b; Hamburg, Glockengießerwall 14.

meine damalige Freund in a Friseurin war und mir die Haare gebleicht hat, des war da erste Punk, worauf mi die Kanalräumer sofort Schnurzl genannt haben. Ja und, guat, des
gibts in anderer Form heute a, die Kanalräumer am Freitag gegen Mittag, da san ma bei
jedem Fleischhauer und Gurkenhändler in Floridsdorf stehen bliebn, und da is a Kanalräumer in voller Montur ausgstiegn und hat dem Besitzer gsagt: „Da Kanal is hin" oder
so was Ähnliches, und is dann umkränzt mit Knackwürsten und Salamistangen raus-
kommen. Dann hat er gsagt: „Do vorn, beim Gurkentandler bleibst a no stehn" – durt war
a der Kanal hin.

PETER: Mir fällt noch ein: Die sechziger Jahre warn auch die Zeit, wo man die ersten Urlaube gmacht habn, die richtigen. 65 Umag …

LUKAS: I war nur einmal mit, dann bin i selber auf Urlaub gfahrn.

PETER: Umag, da bin i mitgfahrn. Dann san ma auf die Insel Krk gfahrn, Korčula. Und es
warn immer Fahrten, wo ma mit Bekannten gfahrn san vom Bruckhaufen, mit die Eck-
meier und die Familie Stefan, die besonders beeindruckend war, weil die habn an Puch
500 gehabt und zwei sehr große Töchter und sie habn sich noch das Essen mitgenommen, weil sie so sparsam waren. Malinska-Urlaub! Da san ma a immer hingfahren und
da is da Vater einmal irgendwo vor Rijeka den Herrn Stefan a no ganz stark angfahrn auf
den Puch 500, wie die des überstanden habn, weiß i bis heute net.

Die Urlaube warn so, dass ma immer extrem billig dort gwohnt habn. I kann mi erinnern, Juditta-Tant und Pepi-Onkel und Rosie und unsere Eltern und i habn in an ge-
meinsamen Zimmer gwohnt, da is in an Zimmer in sechs oder sieben Betten gschlafn
wordn …

LUKAS: … flüchtlingsartige Situation …

PETER: … und essen gangen san ma im Urlaub nicht etwa in a Hotel – einmal san ma in a
Hotel gangen, da habn s' mi so gschimpft, weil i dort so viel gegessen hab im Restau-
rant, und bei der Feuerwehrkantine, wo wir sonst gangen san, haben s' gschimpft, weil i
nie was iss. Des war a so a grauenhaftes Essen. Dann wars auch immer so, dass im Süden die Essgewohnheiten beibehalten wurden. Wir haben gefrühstückt um halb acht Uhr
in der Früh, dann san ma zum Strand gangen, habn alle Luftmatratzen aufgeblasen, des
hat a Stund dauert, dann um elfe Mittagessen: wieder alles mühsam ausgelassen, haben des eingesammelt, san über so an Eselspfad zur Feuerwehrkantine gangen, wo's
extrem grausliche Sachen, flaxige, fette Schnitzel gebn hat, und wo's so furchtbare Fisch
serviert habn. Dann san ma wieder obegangen, habn die Luftmatratzen aufgeblasen, san
ma wieder schwimmen gwesen bis um sechse, dann haben wir wieder alles ausgelassen und san zum Abendessen in die Feuerwehrkantine gangen. Dann ins Flüchtlingsla-
ger schlafen. Einmal hab i an Pfirsich kriagt am Markt …

LUKAS: Zur Reisesituation is a interessant, wenn ma die jetzigen Verkehrswege fahrt und
obeschaut auf die Neunkirchner Allee oder am Wechsel, auf die verfallenen Raststatio-
nen, die damals ein Mördergeschäft waren für die Urlauber- und Pendlerbusse. Da hat
der Chauffeur einen Vertrag ghabt mit den Wirten und Maut kriagt, wo er gerastet hat mit
den Fahrgästen, aber jeder woanders. Jeder Chauffeur hat sein Wirten ghabt, die Back-
hendlstationen gibts aber nimmer, weil die Straßen weggenommen worden sind.

Die Züge warn ebenso eigenartig. Wann war der Mauerbau, 60 oder 61?

WILLI: I glaub, 60 oder 61.

LUKAS: Guat, des lässt sich herausfinden. I hab damals in den Ferien am Bau gearbeitet und bin dann allein nach Stinatz gfahren, lässig zurückgelehnt, Kurier lesend über den Mauerbau, und auf dieser Strecke vom Südbahnhof Richtung Südburgenland und Steiermark über den Wechsel und dort umsteigen, da warn die ganz schiachn Waggons. Da war die Weststrecke die noblere Abteilung, auf der ins Burgenland obe, da warn so ganz kleine Waggons mit Holzbänken, wo die Heizung nie gegangen ist. Von Oberwart bis Friedberg, wo sich so rund dreitausend Pendler einepresst habn, mit Essen und Doppelliter, *(zu Willi)* wenn du no an Rotn aufmachen könntest, a Glaserl tät i no trinken. Den Weißen kannst zulassen.

PETER: Bei Urlaube kann i mi erinnern, wars so, dass in den frühen Sechzigern die Nachbarin in Jugoslawien gewesen ist und Dia-Vorträge in der Garage für die Bruckhaufener veranstaltet hat. Meer und Muscheln am Strand, des war damals no was.

Frohe Feste

PETER: Da fällt mir no a Gschicht ein zur Fronleichnamsprozession in den sechziger Jahren. Das war noch so, dass das Katholische sehr ausgeprägt war am Bruckhaufen und sehr viele Leute san no in die Kirchn gangen, und Höhepunkt war die Fronleichnamsprozession.

Da haben wir immer mit großem Aufwand vor dem Haus einen Altar gmacht. Da is des Bild vom Schlafzimmer, so ein Madonnenbild, am Zaun befestigt worden und dann ist ein Tisch als Altar herabgetragen worden, Pfingstrosen san von de Nachbarn bracht worden und der Vater hat sich immer so a kleine Birkenallee ausdenkt, wo einmal die Ziege die Birkenblattln gfressn und Scheißerei kriegt hat.

Bei der Fronleichnamsprozession wieder hat's der Pfarrer, der Herr Rektor, darauf angelegt, eine machtvolle Demonstration möglichst verkehrsbehindernd auf den großen Straßen des Viertels durchzuführen. Der Bruckhaufen war damals eher eine verrufene Gegend, wo die Seicherlmacher und Messerschleifer gewohnt haben, und die haben an Fußballverein auch gehabt, und dieser Verein hat sich dann auch immer der Fronleichnamsprozession angeschlossen. Mit den Dressen san s' gangen und der Tormann hat die Wuchtel unterm Arm gehabt und die Fußballer, die sonst net in die Kirchn gangen san, zum Teil auch ältere, da Rotschädlerte war dabei, der so O-Haxn ghabt hat, die san zum Teil ziemliche Raufer gewesen. Bei der Prozession auf der Arbeiterstrandbadstraße, eine Blaskapelle hat gspielt und die Glockn haben gleit, wollt a Auto sich vorbeischleichen, und des haben die Fußballer gestoppt und haben des Auto umgworfen und am Rande der feierlichen Fronleichnamsprozession, die betend vorbeigangen is mit der Monstranz und dem Himmel, die Insassen obgwatscht und ghaut.

Kulturelles

LUKAS. Ganz wichtig für die sechziger Jahre war diese WIG 64 mit dem Donauturm. Des war erstmals ein Ausdruck von kulturellem Luxus. Nicht mehr Wiederaufbau, sondern: Wir gestalten jetzt ein Gebiet, und da warn Blumen ausgstellt und zum Teil unmögliche Architektenprodukte, die in dem Spielgarten dort gstanden san, wie die Seebühne, wo ich dann mit meiner Band gespielt hab, das „Dancing Barrakuda", des war so karibisch angehaucht, manches auch asiatisch …

WILLI: Bezeichnend war natürlich, dass des ganze WIG-64-Gelände auf einer Mistgstättn errichtet worden is …

LUKAS: Wo's des Deponiegas vorher abgfackelt habn. Während des Baus des Donauturms haben s' Brunnenröhren in die Erde ghaut bis zur Deponie obe, des haben s' dann anzündet, da warn überall Feuer, wie Elmsfeuer in der Nacht … Da warn auch noch in den sechziger Jahren die Aufzugwärter im Donauturm, die haben absoluten Amtscharakter ghabt, des wäre heute mit einem Amtsdirektor vergleichbar. I glaub, der hätt dich strafen auch können, Strafmandat wegen Rauchen im Aufzug beispielsweise …

Wochenend und Sonnenschein

LUKAS: Interessant auch diese Wochenendunterhaltungen, z. B. des brechend volle Strandbad Klosterneuburg, wo wir mit unserer Band „Jerry and the G-men" jeden Sonntag gespielt haben zum 5-Uhr-Tee, wo kaner an Tee trunken hat. Des war brechend voll, weil es hat ja net so viele Sachen gebn. Wenn man sich an Veranstaltungskalender anschaut aus der Mitte der sechziger Jahre: a Viertel von einer Spalte in einer Zeitung und heute sans fünf Seiten. Mit dem Fernsehprogramm wars ähnlich, da hat man sich immer gfreut, wenn Messeprogramm war.

PETER: Der Samstagabend war ein Ereignis, da hats meistens a Eurovision, Kulenkampff oder „Der goldene Schuss" mit Vico Torriani, geben, und wir san meistens – Samstag war der Badetag – im Pyjama alle gsessn vor dem Fernseher, dass ma nochher gleich schlafen gehen kann …

LUKAS: Du!!! Du vergisst, dass du Jahrzehnte jünger bist als wir. Presst sich gleich eine bei de Sixties … Was i sagen wollte: daneben hats ja auch viele Kinos gebn …

WILLI: Das Weltspiegel-Kino beispielsweise, da is net eingheizt worn …

LUKAS: … da hab i Kinoverbot ghabt, weil i graucht hab …
　　Man fragt sich heute, wo diese vielen Heimatfilmproduktionen alle gespielt worden sind. Am Land vielleicht. Da war ma ja froh, dass des farbig ist und sich bewegt, die hätten an Faschingsumzug in Kaukasien auch zeigen können.

WILLI: Gschaut is gern worden damals, bei der Jonasgrotte, dem Jonasreindl, der U-Bahn-Baustelle am Karlsplatz.

PETER: Und a Wochenschau is immer gspielt worden im Kino, die „Austria-Wochenschau".

LUKAS: Da war auch noch in den sechziger Jahren diese pathetisch schreiende Stimme: „Echo der Zeit!" Minister mit schwarzen Anzügen und Hüten hat ma gsehn …

WILLI: … mit Schere …

LUKAS: Wie du sagst, ein Drittel der Wochenschau warn Politiker mit schwarzen Mänteln und Hüten, die mit einer großen Schere, die auf einem großen Polster getragen wurde, ein Bandel durchschneiden, und oft schneidts a net, die Schere … Und mehr als a Drittel der Beiträge war Schifahren. Also die Identitätsfindung Österreichs als Nation passierte durchs Schifahren. Dauernd san s' Schi gfahrn, bis weit in den Sommer hinein …

WILLI: Staatsbesuche warn a: „Marschall Tito auf Staatsbesuch" …

LUKAS: … und mindestens eine Modeschau, wegen der neuen Linie, und ein wenig Fußball.

WILLI: Und immer gegen Ungarn. Jedes Wochenende: Walzer gegen Csárdás. Meistens hamma verloren.

LUKAS: Was i noch sagen wollte: Diese Antel-Filme damals warn genauso pornographisch, wie sie in den fünfziger Jahren schon warn, nicht im Sinne von Sexualpornographie, sondern Sozialpornographie, Lüge von A bis Z und Klischee mal hoch vier und dann habn s' a bissl a Brüstl auch zeigt oder es hat kracht in der Lederhose. I frag mi heute, wann de wieder gspült werdn, der ganze Schrott wird ja permanent wiederholt auf allen Privat- und ORF-Sendern, am Wochenende meistens, i frag mi, wer sich des damals angschaut hat. I hab mir net vorstellen können, dass ma so was anschaut. Aber es müssen Hunderttausende gewesen sein, die des interessiert hat …

WILLI: Und das erhoffen wir auch von diesem Buch.

Alltagschronik eines Jahrzehnts _____

1960, 1. Januar: In Österreich werden 127.402 Fernsehteilnehmer registriert. Preise und Löhne verzeichnen eine leicht steigende Tendenz. Die Parole der Wirtschaft lautet zu Jahresbeginn: „Durch Werbung mehr verkaufen", und Bundeskanzler Raab verspricht in seiner Neujahrsrede, auch in diesem Jahr werde „die Vollbeschäftigung gesichert sein".

5. Januar: Das Wiener Bürgertheater wird abgerissen.

Januar: Der Eichmann-Prozess in Israel wirft seine Schatten auch auf Österreich: offenbar koordinierte Hakenkreuz-Schmieraktionen finden im ganzen Land statt.

18. bis 28. Februar: VIII. Olympische Winterspiele in Squaw Valley, USA. Österreich gewinnt eine Gold-, zwei Silber- und drei Bronzemedaillen. Herren: Slalom: 1. Ernst Hinterseer, 2. Hias Leitner; Riesenslalom: 2. Pepi Stiegler, 3. Ernst Hinterseer; Skispringen: 3. Otto Leodolter; Damen: Abfahrt: 3. Traudl Hecher.

Februar: Die Bundeswirtschaftskammer überlegt einen Import italienischer Bauarbeiter während der Hochsaison.

Die Katholische Kirche geht gerichtlich gegen Plakate des Films „Verdammt in alle Ewigkeit" sowie der Wiener Eisrevue vor, da „die gesundheitliche Entwicklung jugendlicher Personen durch die Reizung der Lüsternheit gefährdet" sei.

März: Die Konferenz der Landeshauptleute erwägt, in allen Kinos, wie schon vor 1945, ein Jugendverbot bis 18 Jahre einzuführen. Von 276 eingereichten werden derzeit 54 Filme von der zuständigen Kommission „Ab 14 Jahre" eingestuft und 141 Streifen grundsätzlich nicht freigegeben.

Niederösterreich begibt sich auf die Suche nach einer Landeshauptstadt.

April: Der bekannte Psychiater Hans Hoff diagnostiziert eine aufkommende „Wohlstandsverwahrlosung" bei Jugendlichen: „Der junge Mensch braucht Zucht, und er braucht vor allen Dingen einen Halt." Eine „mangelnde Entwicklung des Gemüts", die „Zerrüttung der Familie durch die Berufstätigkeit der Mutter" seien die Gründe für die derzeitige Haltlosigkeit der Jugend. „Vor 25 Jahren", erinnert Hoff abschließend, „hatten die jungen Menschen falsche Ideale, aber es waren Ideale!"

Mai: Die Klagenfurter FPÖ lehnt eine Landesförderung für eine Robert-Musil-Gedenkausgabe ab, da der Dichter „dekadent" und seine Frau „Halbjüdin" gewesen sei. Wenig später einigen sich die drei Landtagsparteien über die Feiern zu „40 Jahre Volksabstimmung". Sie sollen unter dem Motto stehen: „Kärnten bleibt Kärnten".

Laut statistischen Angaben besitzt jeder fünfte Österreicher einen Leberschaden, zugleich hat sich die Anzahl der Hunde verdoppelt, während die der Neugeborenen um die Hälfte gesunken ist.

17. Juni: Das neue Flughafengebäude in Schwechat wird seiner Bestimmung übergeben.

30. Juni: Mit diesem Stichdatum verzeichnet Österreich 1.005.249 Rentner und Pensionisten, deren durchschnittliches Einkommen rund 800 Schilling beträgt. Fürsorgeempfänger erhalten zwischen 500 und 600 Schilling sowie zusätzliche Sachleistungen wie Kohle

Die Eröffnung des neuen Flughafengebäudes in Schwechat am 17. 6. 1960
(Foto: Votava)

und Kleiderspenden. Für die Altersgruppe der über 65-Jährigen, etwa 800.000 Personen, existieren im Lande lediglich 23.240 Altersheimplätze.

30. Juni bis 8. Juli: Staatsbesuch des sowjetischen Ministerpräsidenten Nikita Chruschtschow in Österreich.

26. Juli: Eröffnung des neuen Großen Festspielhauses in Salzburg, erbaut nach Plänen von Clemens Holzmeister.

Juli: Nach dem EFTA-Beitritt wird in Österreich Fischmarinade um 10 Groschen und Dry Gin um drei Prozent billiger.

2. August: Das bisher schwerste Straßenbahnunglück in Wien fordert 19 Tote und 32 Schwerverletzte.

25. August bis 11. September: XIV. Olympische Sommerspiele in Rom. Österreich erringt eine Gold- und eine Silbermedaille.

Ende August: Die Zahl der Arbeitslosen erreicht ein neues Rekordtief von 44.320 Personen.

September: Die neue Wachau-Straße erhält laut Zeitungsberichten „an einem ihrer schönsten Punkte, in Spitz an der Donau, eine Tankstelle als notwendige Ergänzung ihrer touristischen Bestimmung".

31. Oktober: Am Weltspartag verzeichnen die Banken über 13 Milliarden Schilling Sparkapital.

U-Bahnbau am Wiener Donaukanal

Oktober: Der Bundespressedienst überreicht vor dem Hintergrund des Südtirolkonfliktes den Außenministerien aller UNO-Mitgliedsstaaten eine Esperantoausgabe der Broschüre „Südtirol im Jahre 1960", in deren Mittelpunkt das Andreas-Hofer-Lied steht.

3. November: Die Regierung Raab IV wird unverändert angelobt.

Durch die Unterzeichnung und Ratifizierung des Übereinkommens über die Gleichheit des Entgeltes männlicher und weiblicher Arbeitskräfte verpflichtet sich die Regierung, die Anwendung des Grundsatzes der Gleichheit durch die Gesetzgebung zu sichern.

November: Justizminister Broda plant eine Reform des nach wie vor gültigen Familienrechts aus dem Jahr 1811, demzufolge ausschließlich der Mann das Haupt der Familie darstellt (§ 91), der allein Dienstverträge der Ehefrau kündigen kann und demgegenüber die Ehefrau verpflichtet ist, die Verwaltung ihres Vermögens anzuvertrauen (§ 1238), auch wenn dieser „Trinker, Spieler oder arbeitsscheu ist". § 55 erleichtert den Ehemännern die Scheidung, während Hausfrauen bei dieser keinerlei Anteile am gemeinsam erworbenen Vermögen beanspruchen dürfen.

Dezember: Die Wiener Stadtverwaltung erwägt, nach zahlreichen Selbstmorden eine Volksbefragung über die Entgiftung des Stadtgases einzuleiten. Einer der möglichen Gründe: Ende des Jahres belaufen sich die Ratenschulden auf geschätzte dreieinhalb Milliarden Schilling. Das reale Bruttonationalprodukt ist mehr als doppelt so hoch wie 1937. Die österreichische Wirtschaft erzeugt 1960 Güter und Leistungen im Wert von 148 Milliarden Schilling, davon 61 Prozent oder 90 Milliarden für den privaten Konsum. 1960 wird die höchste Konsum-Zuwachsrate seit 1955 verzeichnet und die privaten Familienausgaben erhöhen sich um 7 auf insgesamt 92 Milliarden, die vor allem in Kraftfahrzeuge und Küchengeräte investiert werden. So stieg die Zahl der E-Herde von 1950 auf 1960 bundesweit von 74.000 auf 430.000, die der Kühlschränke von 21.000 auf 320.000 und die der Waschmaschinen von 3.000 auf 230.000.

In der Arbeitswelt finden sich 1,5 Millionen Männer und 846.000 Frauen. Letztere vor allem in den Billiglohnsparten Handel, Gesundheitswesen, Textil- und Bekleidungsindustrie. In diesen Wirtschaftszweigen ist auch weiterhin eine weibliche Lohndiskriminierung kollektivvertraglich festgesetzt. Gemessen an der Bevölkerungszahl arbeiten somit nur noch in der Sowjetunion mehr Frauen als in Österreich und dieser Anteil soll noch weiter gesteigert werden, da Frauenarbeit hierzulande, wie die Zeitungen schreiben, „eines der Ventile für die Expansion unserer Wirtschaft" sei.

Die im Stift Melk stattfindende Barock-Ausstellung vermeldet im Dezember nahezu 400.000 Besucher und 35.000 verkaufte Kataloge. Die Landesausstellung als jährliches kulturelles Großereignis ist damit geboren.

Freddy Quinn wird Ende des Jahres von der Jugendzeitschrift „Bravo" zum beliebtesten Schlagersänger gewählt, gefolgt von Peter Kraus. Der „Lachende Vagabund" Fred Bertelmann erreicht Ende 1960 die Millionengrenze an verkauften Schallplatten, dicht gefolgt von Gerhard Wendland, Caterina Valente, Vico Torriani, Ted Herold, Rex Gildo u. a.

Nach vorangegangener Verwaltungsreform verzeichnet das Sparbudget 1960 einen neuen Rekordhöchststand von etwa 300.000 Bundesbeamten sowie 9.707 Dienstfahrzeugen.

1960 beziehen 412.000 Leser ihre Lektüre von Buchgemeinschaften und man zählt in Österreich rund 700 Selbstbedienungsläden. Erstmals wird in diesem Jahr von einem

Butter- und Käseberg gesprochen, der Verbrauch an Südfrüchten und Geflügel steigt um das Sechsfache.

Für die Ernährung wird ein Drittel mehr ausgegeben als noch Mitte der fünfziger Jahre: 350.000 Tonnen Fleisch verzehren die Österreicher im Jahr 1960 und trinken dazu durchschnittlich 70 Liter Bier, 20 Liter mehr als noch vor neun Jahren, doch ist ihnen auch die Kultur täglich 33 Groschen wert.

1961, 4. Januar: Der Physiknobelpreisträger Erwin Schrödinger stirbt in Wien.

Januar: Beginn der Sprengstoffanschläge in Südtirol.

7. Februar: Ein Großbrand zerstört den barocken Festsaal der Alten Universität in Wien.

März: Ein „Oberennsischer Trachtenanzug", entworfen vom Linzer Landesmuseum, wird in Oberösterreich erfolgreich propagiert.

29. April: Die Wiener Schottenpassage wird eröffnet, Bellaria- und Babenbergerstraßenunterführung folgen am 14. Juli.

April: Für die rasch anwachsende Zahl der Autos in Wien sollen nunmehr Parkgaragen Am Hof, an der Schottenkreuzung, gegenüber dem AEZ und auf dem Concordiaplatz errichtet werden.

4. Mai: Das Fußball-Europacupspiel zwischen Rapid und Benfica Lissabon endet vorzeitig beim Stand 1:1 mit 57 Verletzten.

29. Mai: Studentendemonstrationen gegen eine Kürzung des Kulturbudgets in Wien.

Mai: Der Neubau des Allgemeinen Krankenhauses in Wien wird mit der Psychiatrie begonnen.

3./4. Juni: Gipfeltreffen zwischen Chruschtschow und Kennedy in Wien.

Juli: In Klagenfurt wird die erste Fußgängerzone errichtet.

30. August: In Bregenz wird das modernste Altersheim Österreichs eröffnet.

1. Oktober: Mit diesem Datum werden 2.021.199 Rundfunkhörer und 257.387 Fernsehkonsumenten registriert, womit auf hundert Haushalte bundesweit 87 Radiogeräte und 12 Fernseher entfallen.

Oktober: Bei den Budgetverhandlungen beantragt Unterrichtsminister Drimmel für die Universitäten und Hochschulen in Wien, Innsbruck und Graz 18 neue Nachtwächterposten.

15. November: „Der Herr Karl" von Carl Merz und Helmut Qualtinger wird im Fernsehen ausgestrahlt und löst landesweit einen Sturm der Entrüstung aus. „Man hatte einem ganz bestimmten Typus auf die Zehen steigen wollen", resümiert dann im Dezember Hans Weigel, „und eine ganze Nation schrie: Au!"

30. Dezember: Die Olympiaschanze auf dem Bergisel bei Innsbruck wird eröffnet.

31. Dezember: Neuer Höchststand an Devisen und Valuten der Oesterreichischen Nationalbank.

Der Jugendsekretär der Gewerkschaft der Chemiearbeiter tritt wegen Erreichung des 65. Lebensjahres in den Ruhestand.

Das Wiener Stadttheater wird abgerissen.

Österreich steht mit seiner Buchhandelsdichte an erster und mit seinem Leseeifer an neunter Stelle der Weltrangliste. In diesem Jahr bieten 89 Verlage 1.500 Titel auf der Österreichischen Buchmesse an. 55.703 Leser benützen die Wiener Städtischen Büchereien.

Wien verzeichnet 157.777 Personenkraftwagen, 28.228 Lastkraftwagen, 40.300 Motorräder und 45.911 Mopeds.

25 Prozent der österreichischen Bevölkerung sind nach wie vor in der Landwirtschaft tätig, in der sich unterdessen ein wachsender Einsatz arbeitssparender Maschinen bemerkbar macht; so stieg die Zahl der Traktoren in den vergangenen zehn Jahren von 14.000 auf 130.000, die der Mähdrescher von 900 auf 15.000.

In diesem Dezennium nimmt das private Kaufen um 71 Prozent zu, für Wohnung werden um 31 Prozent, für Nahrungs- und Genussmittel um 50, für Beheizung und Beleuchtung um 53 Prozent mehr ausgegeben, der Aufwand an Bekleidung steigt um 68 Prozent, für das eigene Auto werden um 169 Prozent und für Wohnungseinrichtungen um 228 Prozent mehr aufgewendet. Die Erträge der Schattenwirtschaft wieder belaufen sich auf geschätzte 600 Millionen.

Der Fremdenverkehr vermeldet 47,5 Millionen Nächtigungen, eine Steigerung gegenüber dem Vorjahr um 23 Prozent, wobei der Anteil westdeutscher Touristen 76,64 Prozent beträgt.

Die Caritas sammelt in diesem Jahr Sachspenden in der Höhe von 3,2 Millionen Schilling, von denen rund 40 Prozent als unbrauchbar zurückgewiesen werden müssen. Die Zahl der absolut Ärmsten wird in Wien mit 68.000 angegeben.

Die Müllproduktion hat sich in der Bundeshauptstadt in den vergangenen zehn Jahren verdoppelt: 1961 fallen 900.000 Kubikmeter Abfall an.

1962, 2. Januar: Der Fernsehkrimi „Das Halstuch" von Francis Durbridge entwickelt sich laut Zeitungsmeldungen zu einem „Straßenfeger".

17. Januar: Eröffnung der Wiener Schnellbahnstrecke von Meidling nach Gänserndorf und Stadlau.

Februar: Triumph der Österreicher Karl Schranz, Egon Zimmermann, Gerhard Nenning, Christl Haas, Marianne Jahn und Erika Netzer bei der Schiweltmeisterschaft in Chamonix.

11. März: Karl Schranz wird zum vierten Mal Kandaharsieger.

März: Der Bericht des amerikanischen Fernsehreporters David Brinkley über Wien als Stadt der Phäaken löst arge Empörung an den Stammtischen aus.

26. Mai: Die Südautobahn ist von Vösendorf bis Leobersdorf und damit 25 Kilometer durchgängig befahrbar.

1./2. Juni: Der österreichische Katholikentag sieht im modernen Fortschritt eine Gefahrenquelle für das kirchliche Leben im ländlichen Raum. Der dörfliche Kirchenbesuch liegt mit 34,5 Prozent allerdings noch deutlich höher als in der Stadt (Wien: 19,5 Prozent).

9. Juli: Ärztedemonstration in Wien gegen die geringen Krankenkassengelder.

16. Juli: Bauerndemonstrationen in ganz Österreich.

1. September: Die erste unterirdische Garage Wiens unter dem Votivpark entsteht.

20. September: Das Museum des 20. Jahrhunderts wird eröffnet.

September: In Wien warten 130.000 Wohnungssuchende auf 2.800 Neubauwohnungen. Während 2.500 Menschen in Obdachlosenheimen leben, bereiten sich weitere 3.500 auf ihre Delogierung vor. 16.000 Wohnungen sind in der Bundeshauptstadt überbelegt:

durchschnittlich leben mindestens vier Menschen in einer Zimmer-Küche-Wohnung mit etwa 28 Quadratmetern. 300.000 Wiener Wohnungen besitzen zu diesem Zeitpunkt weder Toilette noch Wasser. Jährlich werden 1.400 einsturzgefährdete Häuser gemeldet, da 66 Prozent aller Wohnobjekte aus der Zeit vor dem Ersten Weltkrieg stammen.

Oktober: Die Beatles landen mit „Love Me Do" und „P.S. I love You" erstmals in den Hitparaden.

27. November: Die letzte Gaslaterne Wiens erlischt.

Dezember: Hans-Joachim Kulenkampff moderiert ab nun einmal monatlich die Live-Fernsehshow „Einer wird gewinnen!"

1963, Januar: In ganz Österreich herrscht ein Katastrophenwinter.

1./2. März: Streik im Österreichischen Rundfunk und Fernsehen.

12. März: Sensationeller Mordfall in der Wiener Staatsoper, Boulevardzeitungen fordern die Wiedereinführung der Todesstrafe.

18. März: Das Österreichische Kulturinstitut in New York wird eröffnet.

22. März: Mehrere Zeitungen starten die „Unterschriftenaktion gegen das Parteidiktat im Rundfunk".

15./16. Mai: In der Wiener Innenstadt demonstrieren Studenten gegen die Raumnot an den Hochschulen.

Mai: Nach den Plänen Roland Rainers wird die Wiener Grünbergstraße zum fünfspurigen Verkehrsweg ausgebaut und dabei 255 Bäume gerodet sowie die barocke Tivoli-Brücke abgerissen; Zeitungen fordern vehement die Errichtung von Stadtautobahnen.

Juni: Erstmals Drogennachweis bei österreichischen Sportlern.

3. Juli: Erste Gespräche Österreichs mit der EWG in Brüssel.

5. August: Die Schauspielerin Annie Rosar stirbt in Wien.

20. September: Josef Klaus wird Bundesparteiobmann der ÖVP.

27. September: Europas größtes Flusskraftwerk wird in Aschach an der Donau eröffnet; in Ratten bei Weiz und Fohnsdorf werden Kohleschächte stillgelegt.

3. November: In der Wiener Staatsoper kommt es zu einem Streik der Bediensteten.

17. November: Die Europabrücke in Innsbruck, Kernstück der Brenner-Autobahn, wird unter großer Anteilnahme der Bevölkerung feierlich dem Verkehr übergeben.

22. November: Die Ermordung des US-Präsidenten John F. Kennedy in Dallas löst auch in Österreich Betroffenheit aus. In Wien werden im Dezember die Hietzinger Brücke sowie ein Bürohaus am Stephansplatz nach ihm benannt.

14. Dezember: Das Südautobahnteilstück Leobersdorf–Wöllersdorf wird dem Verkehr übergeben.

30. Dezember: 16 Erdölwaggons, die letzten Reparationszahlungen an die UdSSR, verlassen Österreich.

1964, 8. Januar: Altbundeskanzler Julius Raab stirbt in Wien.

29. Januar bis 7. Februar: IX. Olympische Winterspiele in Innsbruck. Österreich erreicht den 2. Platz in der Nationenwertung mit 4 Gold-, 5 Silber- und 3 Bronzemedaillen. Die Winterolympiade wird erstmals vom Fernsehen übertragen.

Österreichischer Triumph bei der Damenabfahrt der Olympischen Spiele 1964 in Innsbruck: 1. Christl Haas (mitte), 2. Edith Zimmermann, 3. Traudl Hecher (Foto: Votava)

Januar: Der österreichische Fremdenverkehr meldet ein neuerliches Rekordhoch.

Anfang des Jahres erreichen auch die Beatles in den USA mit einem Plattenumsatz von umgerechnet 35 Millionen Schilling ein Rekordergebnis.

20. Februar: Bundeskanzler Alfons Gorbach erklärt seinen Rücktritt, Nachfolger wird Josef Klaus.

11. April: Die mit 5,2 km bisher größte unterirdische Straßenverbindung, der Felbertauerntunnel, wird durchschlagen.

März: Die Beatles belegen in den US-Hitparaden die ersten drei Plätze, in Großbritannien den ersten und dritten Rang.

16. April: Die WIG 64 (Wiener Internationale Gartenschau) wird im Donaupark samt Donauturm eröffnet.

11. Mai: Herbert v. Karajan tritt von der Leitung der Wiener Staatsoper zurück.

19. Juni: Der Schauspieler Hans Moser stirbt in Wien.

Juni: Hermann Nitsch inszeniert in der Galerie „Junge Generation" die Schlachtung eines Lammes als „Ausdruck zeitgenössischen Kunstschaffens".

4. Oktober: Ingmar Bergmanns Film „Das Schweigen" wird in Graz von der Polizei wegen „Sittenwidrigkeit" abgesetzt.

5. bis 12. Oktober: Erstes Volksbegehren in der Geschichte der Republik: Das Rundfunkvolksbegehren unterzeichnen 832.353 Österreicher.

29. Oktober: Höhepunkt im Konflikt um den SPÖ- und ÖGB-Politiker Franz Olah.

Oktober: Nach „Dr. No" und „Liebesgrüße aus Moskau" läuft der neue James-Bond-Film „Goldfinger" mit Sean Connery in den Kinos an.

21. November: 20.000 Vorarlberger demonstrieren bei der Taufe eines Bodenseedampfers in Fußach gegen den geplanten Namen „Karl Renner".

November: Der Maler Ernst Fuchs eröffnet gemeinsam mit Werken von Hutter, Hausner und Lehmden seine Ausstellung „Zebra".

1965, 9. Januar: Österreichischer Mannschaftserfolg beim Lauberhornrennen in Wengen, Schweiz: Erster bis fünfter Platz bei der Herrenabfahrt (Sodat, Bleiner, Schranz, Messner, Nindl).

16. Januar: Beim Kandaharrennen kommen sieben Österreicher unter die ersten zehn: 1. Karl Schranz, 2. Gerhard Nenning, 3. Heini Messner.

Januar: Erneut Rekordeinnahmen aus dem Fremdenverkehr: 14.574 Millionen Schilling gegenüber 13.074 Millionen im Vorjahr.

Die Zeitungen verzeichnen 30 Rolls Royce-Besitzer in Österreich, darunter Curd Jürgens, Herbert von Karajan und Julius Meinl; Modezar Fred Adlmüller bevorzugt einen Aston Martin DB 5 um 347.000 Schilling und der Designer Udo Proksch einen gleich teuren Ford Lincoln-Continental sowie einen Militärjeep.

20. Februar: Im Museum des 20. Jahrhunderts wird eine Ausstellung des Malers Fritz Hundertwasser eröffnet.

28. Februar: Bundespräsident Adolf Schärf stirbt in Wien.

15. März: Die Beatles landen in Salzburg zu Filmaufnahmen in Obertauern.

26. März: Protestdemonstrationen gegen den Professor an der Hochschule für Welthandel, Taras Borodajkewycz, wegen neonazistischer Äußerungen.

31. März: Schlägereien zwischen Pro- und Anti-Borodajkewycz-Demonstranten vor der Wiener Oper. Der Widerstandskämpfer Ernst Kirchweger wird dabei schwer verletzt, er stirbt am 2. April.

April: Hundertwasser verzeichnet im Wiener Dorotheum eine Preisexplosion seiner Werke. Die Sendung „Opernführer" mit Marcel Prawy wird erstmals im Fernsehen ausgestrahlt. George Nader verkörpert in „Schüsse aus dem Geigenkasten" G-Man Jerry Cotton im Film.

9. Mai: Leopold Figl stirbt in Wien.

23. Mai: Franz Jonas wird zum neuen Bundespräsidenten gewählt.

14. Juli: Das umstrittene Bodenseeschiff erhält den Namen „Vorarlberg".

Juli: Die Zeitungen beobachten einen sprunghaften Anstieg bei der Nachfrage nach geräucherten Japan-Austern, gekochten Wachteleiern, Haifischflossensuppe, gerösteten Seidenraupen, Känguruschwanzsuppe und gegrillten Grashüpfern. Neben Kaviar, Krabben und Krebsen bietet das Wiener Spezialgeschäft Schönbichler gebratene Klapperschlangen, Krokodilteile, gekochtes Elefantenfleisch sowie Heuschrecken in Schokolade an.

30. August: Die 1725 errichtete Rauchfangkehrerkirche in Margareten stört den Verkehr und wird demoliert.

14. September: Der Ministerrat beschließt den Gesetzentwurf zur Einführung des Nationalfeiertags am 26. Oktober.

September: Die Rolling Stones treten vor 12.000 Jugendlichen in der Wiener Stadthalle auf. Der Münchner Goldmann-Verlag erzielt einen Rekord bei den Taschenbuchausgaben der eben verfilmten Kriminalromane von Edgar Wallace, der mit insgesamt 39 Millionen verkaufter Bücher zum meistgelesenen Autor des deutschen Sprachraumes wird.

8. November: Der einmillionste Telefonanschluss wird in Wien in Betrieb genommen.

November: Die Wiener Commerz-Filmproduktion „Geißel des Fleisches" mit Herbert Fux in der Hauptrolle erscheint in den Kinos.

Dezember: Erste Farbfernsehversuche in Österreich.

1966, Januar: Die Rolling Stones werden zu den Pop-Stars des Jahres gewählt, Bob Dylan wird mit dem Anti-Vietnamkriegslied „Masters of War" zum Idol der protestierenden studentischen Jugend, ebenso Joan Baez. Wenig später tritt er vor 74.000 Jugendlichen beim Newport-Festival auf und verkauft sechs Millionen Platten.

10. Februar: Die neue Strengbergstrecke der Westautobahn muss wegen Baumängeln gesperrt werden.

22. Februar: Die „Kronen Zeitung" wird auf Antrag des ÖGB in Zusammenhang mit dem Fall Olah vorübergehend unter gerichtliche Verwaltung gestellt.

25. Februar: Emmerich Danzer wird in Davos Weltmeister in Eiskunstlauf; Zweiter: Wolfgang Schwarz.

Februar: Während des tubulenten Wahlkampfes, in dem Josef Klaus als „echter Österreicher" affichiert wird, nennt ÖVP-Abgeordneter Alois Scheibenreif, Obmann des Bauernbundes und Präsident der niederösterreichischen Landwirtschaftskammer, Außenminister Kreisky einen „Saujuden", was, von der parlamentarischen Immunität abgesehen,

Eine große Hoffnung des Damenteams ist Putzi Frandl, die einmal die Kleider der Radstädterinnen schneiderte. Mit dem erfolgreichen Läufer Karl Schranz bespricht sie ihre Chancen bei der Olympiade in Squaw Valley

Die Nachwuchsläuferinnen unserer Nationalmannschaft verfügen zwar noch nicht über die stolze „Häferlsammlung", einer Putzi Frandl und einer Hilde Hofherr, aber was nicht ist, kann ja in diesem Winter noch werden

Das Kücken unter unseren Ski-Amazonen ist Christl Staffner, die neunzehnjährige Serviererin aus Kitzbühel (hier mit Gerhard Nenning), die im Vorjahr überraschend die gesamte Weltelite schlagen konnte

Das flotteste Walzerpaar unserer Nationalmannschaft sind Hilde Hofherr und Ernst Oberaigner. Die wenigen unbeschwerten Stunden am Tanzparkett sind der einzige Ausgleich für das strenge Training auf der Piste

137

nach österreichischem Strafrecht nicht unbedingt ehrenrührig ist, müsste der Beleidigte auf dem Wege einer Privatklage den Nachweis erst erbringen, dass im Falle einer allgemeinen Verächtlichmachung ihn diese Äußerung auch persönlich betreffe.

6. März: Die ÖVP unter Josef Klaus erhält die absolute Mehrheit.

Die Eichmann-Gehilfen Johann und Wilhelm Mauer werden in Salzburg wegen „Befehlsnotstand" freigesprochen. Zahlreiche Freisprüche von Kriegsverbrechern und Südtirolattentätern folgen.

15. März: Udo Jürgens vertritt mit seinem Lied „Merci Chérie" siegreich Österreich beim Grand Prix Eurovision de la Chanson in Luxemburg.

18. April: Ende der seit 1945 bestehenden Großen Koalition in Österreich.

Juni: Franz Antel vollendet seinen neuen Film „00Sex am Wolfgangsee"; die Nackt- und Aufklärungsfilmwelle rollt an.

William Masters Untersuchung „Die sexuelle Revolution" erscheint.

1. Juli: Der Südtirol-Aktivist Norbert Burger gründet die Nationaldemokratische Partei (NDP).

29. Juli: Eine neue Städteschnellverbindung ermöglicht die Fahrt Wien–Graz in 2 Stunden und 40 Minuten (diese Rekordzeit sollte in den kommenden vier Jahrzehnten noch um eine Minute unterboten werden).

20. August: Sprengstoffattentat auf das Wiener Büro der italienischen Fluggesellschaft Alitalia.

5./12. September: Das neunte Pflichtschuljahr wird in Österreich eingeführt.

September: Der geplante Abriss des Wiener Künstlerhauses im Zuge eines amerikanischen Hotelneubauprojektes stößt auf Widerstand in der Bevölkerung.

Das Modehaus Christian Dior bietet erstmals Miniröcke an; die „Britische Gesellschaft zum Schutz des Minirockes" wird gegründet; im Herbst macht sich der Minirock auch im Wiener Stadtbild bemerkbar und löst zahlreiche Reaktionen aus.

10. Oktober: Die Hochschule für Sozial- und Wirtschaftswissenschaften in Linz wird eröffnet.

20. Oktober: 21 Verhaftungen beim Straßenbauskandal.

Oktober: Die rund 2 Millionen ASVG-Pensionisten verfügen über ein Durchschnittseinkommen von eintausend Schilling; die Zeitungen fragen besorgt: „Wer wird in zehn Jahren unsere Pensionen zahlen?"

Ein Prozent der Steuerpflichtigen, 10.711 Österreicher, bezieht 20 Prozent des Gesamteinkommens. 131 Österreicher verfügen über fünf Millionen als Vermögenseigentümer, darunter 37 Großgrundbesitzer und 36 Industrielle. Der Nationalbankpräsident erhält 60.000 Schilling, der Bundeskanzler 24.000 Schilling monatlich steuerfrei.

November: Der Auftritt der Beach Boys in der Wiener Stadthalle erfolgt unter starkem Polizeieinsatz; wenig später werden bei einem Kinks-Konzert 197 Jugendliche festgenommen.

14. Dezember: Gegen den Newag- und Niogas-Generaldirektor Viktor Müllner wird ein Haftbefehl erlassen.

22. Dezember: Der Autobahnabschnitt Wien–Pressbaum wird dem Verkehr übergeben.

23. Dezember: Der Schriftsteller Heimito v. Doderer stirbt in Wien.

Die Bundesregierung schließt ein Abkommen mit Jugoslawien zur sozialpartnerschaftlich geregelten Anwerbung ausländischer Arbeitskräfte.

Wassernot: Nur Sparen kann Wien retten!

Nur noch Sparen kann Wien vor dem Zusammenbruch der ohnehin schon teilweise ausfallenden Wasserversorgung retten. Die Stadtverwaltung ordnete ab heute, Freitag, drakonische Sparmaßnahmen an. Unter anderem muß die Industrie ihren Wasserbedarf um 20 Prozent einschränken. Weitere Teile Wiens waren gestern ohne Wasser. Sogar der Bahnverkehr am Südbahnhof wurde in Mitleidenschaftgezogen. Ein Ende der Wassernotr ist vorläufig noch nicht abzusehen. (Ausführlicher Bildbericht S. 4.)

FÜR DEN LIEBEN GOTT über die Piste gehen 15 katholische Priester — unter ihnen Brigadepfarrer J o r d a n (Bild) — während der Olympischen Winterspiele. Neben dem aufgenähten Sportabzeichen tragen sie ein aufsteckbares Silberkreuz. Schwarz als Anorak-Farbe haben sie abgelehnt, ihre Anoraks sind, wie gemeldet, brombeerfarben.

Schah ließ über Polizeifunk Farah Diba rufen

Prag seit neun Tagen ohne Kohle

Durch den Polizeifunk mußte gestern, Donnerstag, mittag der Schah von Persien seine kunstbegeisterte Gattin, Kaiserin Farah Diba, an das gemeinsame Mittagessen im Fischerhaus auf der Höhenstraße erinnern. Denn während der Schah am Vormittag in die Klinik Professor Fellner fuhr, entschloß sich seine hübsche Gattin zu einem Bummel durch das Museum für angewandte Kunst. Dabei dürfte das Mittagessen völlig vergessen haben. Nach dem Essen besuchte das kaiserliche Paar den Stephansdom. Der Schah und seine Gattin spendeten Kerzen. Am Abend wohnten sie einer Vorstellung der Wiener Eisrevue bei. Für heute, Freitag, steht ein Mittagessen in Sachsengang und am Abend der große Empfang in der Hofburg am Programm. (Bericht Seite 5.)

Arbeitsruhe zum Februar-Gedenken

Gewerkschaft und Wirtschaftskammer kamen überein, des Gedenkens an die Ereignisse vor 30 Jahren, am 12. Februar, von 11.55 bis 12 Uhr, die Arbeit ruhen zu lassen. Bisher ist es noch nicht geklärt, ob der Herr Bundespräsident eine Rundfunkrede halten wird.

Das

lesen Sie morgen in der großen EXPRESS-Beilage

● „Die Bruchrechnung stimmte": Nicht amputieren sondern heilen war Professor Lorenz Böhlers revolutionierende Devise. Aus dem Leben des „Vaters der modernen Unfallheilkunde". Der schon heute offiziell im Ruhestand ist, in der Praxis jedoch sein Wissen weiter als Berater der Medizin zur Verfügung stellt, erzählt Erich B e y e r.

● „Jerusalem ist anders": In seinem Rundherum-Bericht über die Papstreise schildert Franz Xaver Philipp diesmal die hektischen Tage in Jordanien.

● „Olympia zu Gast in Tirol": Zum Beginn der IX. Olympischen Winterspiele berichtet Alice Kaufmann von Kampf und Sieg im Zeichen der fünf Ringe.

● „Start mit Schönheitspflaster": Mit der Wiener Kunstgewerblerin Ilse Faber, deren Papierplastiken morgen zum 15. Mal den Musikverein zum Techniker-Circle-Ball schmücken werden, sprach Christiane K o r e f.

Olympisches Feuer in Wien

Pünktlich um 17.10 Uhr traf gestern, Donnerstag, das Olympische Feuer an Bord der AUA-Caravelle „Tyrol" auf dem Flughafen Wien-Schwechat ein. Der österreichische Botschafter in Athen, Dr. Kurt Farbowsky, trug die Grubenlampe, in der das Olympiafeuer flackerte, die Gangway herunter und überreichte diese dem bekannten Olympiasieger im Eiskunstlaufen, Karli Schäfer. Die Gardemusik begrüßte die Flamme, die noch Mittwoch im olympischen Hain in Griechenland mit einem Hohlspiegel entzündet worden war, mit dem Parade-Defiliermarsch. In der Nacht auf heute bleibt das Olympische Licht im Empfangssaal des Flughafengebäudes und wird dort ständig von einem Posten bewacht. Um zehn Uhr startet ein AUA-Flugzeug mit der Flamme an Bord nach Innsbruck und wird dort vom Bürgermeister der Olympiastadt, Doktor Lugger, in Empfang genommen. Bis zur feierlichen Eröffnung der Winterspiele wird das Olympialicht im „Goldenen Dachl" aufbewahrt.

Olah-Soronics: Kriegsbeil wurde vorläufig begraben

Zu einer Art Waffenstillstand kam es gestern im Konflikt zwischen Innenminister Olah und seinem Staatssekretär Soronics. Der Staatssekretär bat Olah um eine Aussprache, in deren Verlauf er erklärte, auf keine Personalaktionen des Innenministeriums im Zusammenhang mit den weiteren VP-Aktionen anfordern werde, solange er, Soronics, Vorsitzender des sogenannten Untersuchungsausschusses der VP sei, der „zur Überprüfung der vom Bundesminister für Inneres verfügten Personalveränderungen" eingesetzt wurde.

Olah nahm diese Erklärung zur Kenntnis und stellte fest, daß auf Grund dieser Zusage kein Grund mehr dafür bestehe, daß die Einschränkung des Wirkungsbereiches von Soronics, die Olah vor einigen Tagen verfügt hatte, aufrecht erhalten bleibt.

Auch Füllfeder-Erfinder ein Sowjet...

Moskau: Schon vor 800 Jahren wurde in Armenien mit Füllfederhaltern geschrieben / „Nur einmal eintauchen"

Die Sowjetunion hat jetzt die Liste der angeblich von ihr erdachten Erfindungen um den Füllfederhalter bereichert. Die offizielle Nachrichtenagentur „TASS" erklärte, die Ansicht, dieses nützliche Schreibutensil sei Ende des 19. Jahrhunderts erfunden worden, sei falsch. Es sei erwiesen, daß mit Tinte gefüllte Federhalter bereits vor 800 Jahren in Armenien in Gebrauch gewesen seien.

Das sei von Wissenschaftlern an Hand von alten Manuskripten der Sammlung von Matenadaran in Armenien festgestellt worden. Ein Schreiber des zwölften Jahrhunderts habe erwähnt, daß er seinen Schreibstift nur einmal in Tinte eintauchen müßten.

Der US-Film „Bonnie and Clyde" mit Warren Beatty und Faye Dunaway wird zum größten Überraschungserfolg des Jahres und beeinflusst vorübergehend auch die Mode.

1967, 1. Januar: Das neue Rundfunkgesetz tritt in Kraft.

28. Januar: Die letzte Nummer der 1945 gegründeten Zeitung „Neues Österreich" erscheint.

1. Februar: Bruno Kreisky wird neuer SPÖ-Vorsitzender.

3. Februar: In Wien versehen erstmals 14 weibliche Polizisten ihren Dienst.

März: Wolfgang Hutters Ölbild „Fliegende Köpfe" erreicht im Wiener Dorotheum den Schätzwert von 70.000 Schilling. Wenig später veranstalten die Aktionisten Mühl, Wiener, Kalb, Nitsch und Rühm in den Räumlichkeiten der katholischen Studentenverbindung „Austria" ein „Happening", das ein Großaufgebot der Polizei auf den Plan ruft.

13. April: Wien wird Amtssitz der UNIDO.

April: Nach einem Wien-Auftritt der Rolling Stones werden 160 Personen festgenommen und 200 aus der Stadthalle gewaltsam entfernt. Die Auseinandersetzungen mit Exekutive und Polizeihunden dauern bis in die frühen Morgenstunden an.

Mai: Streit zwischen Volkskundlern und Fremdenverkehrsvereinen um die neue burgenländische Landestracht.

30. Juni: Im Land werden 1.461.031 Kraftfahrzeuge registriert, darunter 934.000 Pkw.

Juli: Im Fernsehen ist ab nun jeden Dienstag die Serie „Mit Schirm, Charme und Melone" mit Diana Rigg zu sehen.

Das Reisebüro Touropa bietet Urlaube in Senegal, Kenia und Ostafrika ab 18.111 Schilling an.

August: In Wien werden sechs Drogenzirkel ausgehoben, nach Angaben der Polizei greift der Haschischkonsum dank „Gammler-Reiselust" weiter um sich.

3. September: Einstellung der Zeitung „Welt am Montag".

10. September: Offizielle Einführung des Farbfernsehens in Österreich. Die ersten Geräte wiegen etwa 48 bis 55 Kilogramm und kosten um die 25.000 Schilling.

1. Oktober: Gründung des Jugendsenders Ö3.

24. Oktober: Studentendemonstrationen in Wien für eine Erhöhung des Kulturbudgets.

Oktober: Die „Erste Wiener Kommune" demonstriert in der Aula der Universität für „Freie Wohnungen für freie Liebe".

Die deutsche Ausgabe von Mao Tse-tungs „Theorie des Guerillakrieges" erreicht eine Auflage von 65.000.

2. Dezember: Der Kapstadter Arzt Ch. N. Barnard nimmt die erste Herztransplantation vor und sorgt damit für weltweites Aufsehen.

14. Dezember: Das Wiener Bestattungsmuseum wird eröffnet.

Dezember: Der Verhaltensforscher Otto König kritisiert die Weihnachtslosung: „Schenkt kein Kriegsspielzeug", da „Jagen, Beute machen, Verteidigen und Gruppenbildung" zu den „Urinstinkten der Menschheit" gehörten, die „der Mann ebenso besitzt wie seine Geschlechtsgenossen in der Tierwelt". Analogien zu Letzterer sieht er auch im Verhalten demonstrierender Studenten.

1968, 4. Januar: Deutschsprachige Erstaufführung des Musicals „Der Mann von La Mancha" im Theater an der Wien.

26. Januar: Beschluss des Wiener Gemeinderates über den Bau einer U-Bahn.

6. bis 18. Februar: X. Olympische Winterspiele in Grenoble. Österreich: 3 Gold-, 4 Silber- und 4 Bronzemedaillen.

7. Februar: Der Nationalrat beschließt die Abschaffung der Standgerichtsbarkeit.

25. Februar: Der ORF vermeldet den einmillionsten Fernsehteilnehmer.

1. Mai: Linke Demonstranten stören die traditionelle Maifeier der SPÖ auf dem Wiener Rathausplatz. SPÖ-Bürgermeister Marek lässt daraufhin von der Polizei den Platz räumen, ÖVP-Innenminister Soronics verkündet: „Keine Milde bei Tumulten!"

April: Mehrere Demonstrationen in der Wiener Innenstadt und auf der Mariahilfer Straße nach dem Attentat auf den Berliner Studentenführer Rudi Dutschke.

31. Juni: Schülerdemonstration in Wien.

5. Juli: Die Sendung „Aktenzeichen XY – ungelöst" wird erstmals als Direktübertragung des Zweiten Deutschen Fernsehens in Österreich ausgestrahlt.

7. Juli: Die Veranstaltung „Kunst und Revolution" der Wiener Aktionisten im Hörsaal 1 des neuen Institutsgebäudes der Universität löst dank Boulevardpresse eine Skandalwelle aus.

20./21. Juli: Nach Besetzung der Tschechoslowakei durch die Truppen des Warschauer Paktes flüchten in den folgenden Wochen 15.000 Menschen nach Österreich.

Juli: Die von Papst Paul VI. erlassene, die Antibabypille verurteilende Enzyklika „Humanae vitae" löst auch hierzulande Konfrontationen aus.

19. August: Fehde in der Wiener Unterwelt: Johann Pokorny erschießt in der Kaiserstraße den neu gekrönten König der Stoßpartien Johann Schmutzer.

23. August: Eröffnung des „steirischen herbstes" in Graz.

August: Der Berliner Kommunarde Fritz Teufel wird aus Österreich ausgewiesen, ebenso zahlreiche, gegen den Schah eingestellte iranische Studenten.

Eine Regierungsvorlage, die den Begriff der Ehestörung wieder einführen soll, wird erarbeitet. Die ÖVP-Alleinregierung möchte damit Ehestörung in allen „treueverletzenden sexuellen Handlungen", außer dem Intimverkehr, der unter den strenger gefassten Ehebruchsparagraphen fällt, dingfest machen, etwa Küssen beim Heurigen, sofern eine „erotische Grundlage" vorhanden ist. Die geplante Strafrechtsreform sieht ferner Strafen „gegen die häusliche Zucht", gegen eine „tätige Verletzung schuldiger Ehrerbietung" der Dienstleute gegen ihre Herrschaft, härteres Vorgehen gegen Abtreibung und Homosexualität unter Erwachsenen sowie weitere Strafverschärfungen auf dem Gebiet des Sexual-, Ausländer- und Familienrechtes vor. Laut Motivenbericht der Regierungsvorlage basiert der Reformvorschlag vor allem auf den Vorstellungen der Österreichischen Bischofskonferenz.

17. Oktober: Die Inaugurationsfeier des Rektors der Wiener Universität wird durch Demonstranten gestört.

Oktober: Vance Packards Buch „Die sexuelle Wildnis" erscheint.

Valie Export konstruiert gemeinsam mit Peter Weibel eine Greif-Kasten-Bühne, mit der man den Busen der Künstlerin öffentlich ertasten kann, um solcherart den Wunsch nach „begreifbaren Formen der Kunst" vermittelt zu erhalten.

141

Impressionen vom U-Bahnbau in Wien

Ein Technikstudent, der anlässlich der Veranstaltung „Kunst und Revolution" auf einer Trillerpfeife geblasen hatte, wird vom Studium an allen Hochschulen des Landes ausgeschlossen.

13. November: Der Nationalrat senkt das aktive Wahlalter auf 19 und das passive auf 25 Jahre.

17. November: Wiens Prostituierte werden auf Geheiß der Gemeinde aus den Nobelstraßen der Innenstadt in Seitengassen und entlegenere Bezirke verbannt. Laut Marktforschungsinstitut Dr. Fessel befürworten 74 Prozent der Österreicher die Prostitution, allerdings ziehen zwei Drittel der Befragten Bordelle der Straße vor.

1969, 1. Januar: Das erste Farbfernsehprogramm wird ausgestrahlt.

20. Januar: Demonstrationen gegen den Wien-Aufenthalt des Schahs von Persien sowie gegen den neu gewählten US-Präsidenten Nixon legen die Innenstadt lahm; das Heldendenkmal in der Aula der Universität wird beschädigt. Die Opernkreuzung wird durch Sitzstreiks blockiert, eine Hochschulreform wird gefordert und im Auditorium der Universität ein „Schah-in" abgehalten. Demonstranten dringen in den Zuschauerraum der Staatsoper ein und fordern eine politische Diskussion über den Iran. Drei Tage später endet hier eine Kundgebung mit einer Massenschlägerei.

22. Januar: Volksbegehren der SPÖ zur Einführung der 40-Stunden-Arbeitswoche wird beschlossen.
Neuerliche Demonstrationen in der Wiener Innenstadt.

30. Januar: Beginn des Prozesses gegen den ehemaligen Innenminister Franz Olah.

1. Februar: In Graz wird die modernste Kinderklinik Europas eröffnet.

2. Februar: Der Herrenslalom des Kandaharrennens endet mit einem großen Mannschaftserfolg: zehn Österreicher unter den ersten zwölf.

18. März: Skiweltcupsieger: Gertrud Gabl und Karl Schranz.

März: Demonstrationen vor dem Studentenheim in der Wiener Pfeilgasse für uneingeschränktes Besuchsrecht.

5. bis 10. Mai: Staatsbesuch der Königin Elizabeth II. in Österreich.

13. Mai: Bauerndemonstration mit rund 700 Traktoren in Wien.

21. Juli: Die US-Mondlandung wird weltweit übertragen.

September: Rund 200.000 Jugendliche aus zahlreichen Ländern reisen auf die englische Insel Wight, wo Europas erstes Massenfestival mit Bob Dylan, Julie Driscoll, Jane Fonda, mit den Stones, den Beatles, The Who u. a. unter dem Motto „One World – One Music" stattfindet.

27. Juli: Österreichring in Zeltweg eröffnet.

30. Oktober: Autobahnteilstück Graz-Gleisdorf fertig gestellt.

3. November: Beginn des U-Bahn-Baus in Wien; der Karlsplatz wird zur viel bestaunten Baugrube. Das diesbezügliche Plakat der Wien-Werbung verkündet: oben ohne / Umleitung – keine U-Bahn" und ist dementsprechend enthüllend illustriert.
Ende 1969 zeichnet sich eine Südtirollösung ab.
Österreich weist in diesem Jahr unter allen Ländern Europas mit 21 Prozent die höchste Exportsteigerung auf.

Man zählt 25.000 Farbfernsehgeräte; „Jede Komplikation bei der Bedienung eines TV-Gerätes", heißt es begleitend in der Werbung über die neue Fernbedienung, „führt vor allem bei Frauen zu Unsicherheit dem Gerät gegenüber und damit zu Verstimmungen." Das Land- und Forstwirtschaftsministerium propagiert erstmals die Aktion „Urlaub auf dem Bauernhof".

„Im Raketentempo hat uns das letzte Jahrzehnt mitgerissen durch Höhen und Tiefen, Wunder und Schrecken, wie sie nur Menschen dem Menschen zu bereiten imstande sind", eröffnet die Österreich-Ausgabe der Illustrierten „Stern" im Dezember 1969 ihren Rückblick auf die „wilden sechziger Jahre", um fortzusetzen: „Wir sahen, wie der erste Mensch seinen Fuß auf den Mond setzte, und bekamen den Kennedy-Mord in Zeitlupe vorgeführt. Vietnam-Greuel, Afrika-Massaker, Minirock, Beatles-Musik, Sexwelle, Aufklärung, Herztransplantation – nichts blieb uns erspart und auf nichts mußten wir verzichten. Was für ein Jahrzehnt!"

Heute bleibt die Küche kalt — mit Hendln aus dem

Wienerwald

Urlaubserinnerungen werden ausgetauscht. Die Hausfrau kann den Dia-Abend im Kreise der Ferienfreunde richtig genießen, denn heute braucht sie nicht zu braten, nicht anzurichten und abzuspülen. — Aus dem Wienerwald kamen die knusprigen Hendl und dazu ein guter Tropfen aus den Wienerwald-Kellereien.

In 5 Ländern Europas bieten Wienerwald-Brathendlstationen freundliche Gastlichkeit — täglich von 11 Uhr vormittags bis in die späte Nacht.

Wienerwaldlokale: Genormte gastronomische Gemütlichkeit

Wohnträume im Einfamilienhaus

Du? Hör zu, ich erzähle Dir eine Geschichte. Kleine Schuhgeschichte.
Humanic Piccadilly. Große Männersache. Hör zu, Du.
Ein Mädchen mag einen Mann. Humanic Piccadilly. Ein Mann mag Schnallen am Schuh.
Humanic Piccadilly. Ein Mädchen mag einen Mann mit Schnallen am Schuh. Humanic Piccadilly.
Und sportlich dazu. Humanic Piccadilly. Und nie zu groß. Humanic paßt immer.
Aber großzügig. Humanic Piccadilly. Meine kleine Schuhgeschichte. Für Dich. Du? Ich.

Humanic Heinisch & Mayer - Rieckh K.G., Lastenstraße 11, 8020 Graz · Österreich, Tel. 87 101, Telex 03-1361

III

IV

204 Limousine 6 340 DM verzollt a. W. einschl. Mehrwertst.

Peugeot-Niveau

– ultramoderne Konzeption, ungewöhnlich in Technik und Ausstattung –

Peugeot
baut Automobile
seit 1892

Bitten Sie doch einmal Ihren PEUGEOT-Händler unverbindlich zu sich.

PEUGEOT 204

PEUGEOT Automobile Deutschland GmbH 66 Saarbrücken Postfach 557

V

Foto: Contrast

„Hair" – Zeitgeist im Musical
Foto: Votava

Woodstock: „One wolrld – one music"

BRAVO

Die Rolling Stones

Englands wilde junge Männer
sind ruhiger geworden.
Sie machen nun weniger durch ihre
Skandale als durch ihre Musik
von sich reden. So wie auf ihrer neuen
LP „The Rolling Stones No. 2".
Foto: Lutetia

XII

Mai 1969: Der Staatsbesuch der britischen
Königin löst auch hierzulande Innovationen der
weiblichen Hutmode aus
Foto: Votava

Christiaan Barnards Operationserfolge lassen die
Herzen wieder höher schlagen
Foto: Votava

Globaler Medienerfolg: Die Mondlandung am 21. Juli 1969

XIV

Tod in Texas: Die Ermordung Präsident Kennedys am 22. November 1963 in Dallas
Foto: Contrast

Vietnamkrieg: Die verlorene Unschuld der USA
Fotos: Contrast

XVI

Kurzbiographien der Autoren _____

Friedrich Achleitner

Schriftsteller, Architekturhistoriker; geboren 1930 in Schalchen, Oberösterreich, 1955–64 Mitglied der „Wiener Gruppe", zahlreiche Auftritte gemeinsam mit H. C. Artmann, Konrad Bayer, Gerhard Rühm, Oswald Wiener. Seit 1983 Lehrstuhl für Architekturgeschichte an der Hochschule für angewandte Kunst in Wien.

Neben zahlreichen Dialektgedichten und Montagen: „Österreichische Architektur im 20. Jahrhundert", 4 Bde., 1980–95; „Nieder mit Fischer von Erlach", 1986; u. a.

Georg Danzer

Liedermacher, Autor; geboren 1946 in Wien. Nach Schule und Bundesheer studiert er sechs Semester Psychologie und Philosophie, trampt anschließend nach Griechenland und Schweden. Als er 1967 wieder nach Wien zurückkehrt, beginnt er Lieder für André Heller, Marianne Mendt, Wolfgang Ambros, Wilfried, Erika Pluhar u. a. zu schreiben. 1972 erscheint die Single „Tschik", 1975 spielt sein Lied „Jö schau" eine Goldene Schallplatte ein, danach innere Emigration nach Deutschland, später nach Spanien, wo er Übersetzungen von Kurzgeschichten und Romanen vornimmt. Nach zahlreichen Tourneen verbringt Danzer ab 1990 wieder mehr Zeit in Österreich. Am 10. Dezember 1997 steht er erstmals mit Wolfgang Ambros und Rainhard Fendrich als AUSTRIA3 auf der Bühne des Theaters an der Wien, ab März 1998 AUSTRIA3-Tourneen. Im April 2000 wird Georg Danzer für zwei Jahre zum neuen Vorstand von SOS-Mitmensch gewählt. In mehr als dreißig Jahren Karriere und über dreißig Alben hat Georg Danzer „wie kein Zweiter seine höchstpersönliche Position zwischen Schlager, Rocksong, Chansons und kritischem Lied gefunden" (Thomas Rothschild).

Rudi Dolezal

Geboren am 5. 2. 1956 in Wien, Alsergrund, ehemaliger Wiener Landesschulsprecher, Gründer der Schüler- und Jugendzeitung „Kritik", Mitbesetzer der „Arena", Gestalter und langjähriger Moderator der ORF-Jugendsendung „Ohne Maulkorb", später Pionier des deutschsprachigen Musikfilms und Musikvideos (u. a. mit Wolfgang Ambros, Rainhard Fendrich, Georg Danzer, Trio, Nina Hagen, Herbert Grönemeyer, Die Toten Hosen, Die Fantastischen Vier u. v. a.). Zusammen mit seinem Partner Hannes Rossacher (als DoRo Produktion) bis heute auch zahlreiche internationale Produktionen (u. a. mit Freddie Mercury und Queen, Rolling Stones, Whitney Houston, David Bowie, Frank Zappa, Sting, Bruce Springsteen, Michael Jackson u. v. a.).

Praktisch alle relevanten internationalen Auszeichnungen des Musikfilmgeschäfts, u. a. zweimal Gewinn einer Grammy-Nominierung, dem Oscar der Popmusik, zweimal Goldene Rose von Montreux, viermal Echo, dreimal Amadeus, einmal Brit-Award und zuletzt zum zweiten Mal Gewinner der Romy, des österreichischen Fernsehpreises.

Lebt heute in Purkersdorf bei Wien und ist (mit Hannes Rossacher) nach wie vor als DoRo im internationalen Musikfilm- und Videogeschäft tätig.

Antonio Fian

Schriftsteller; geboren 1956 in Klagenfurt. Mitbegründer und 1976–83 Herausgeber der Literaturzeitschrift „Fettfleck". Verfasste Hörspiele, Romane sowie zahlreiche Parodien, Satiren und Dramolette zu aktuellen politischen Tagesthemen.

Publizierte u. a.: „Schreibtische österreichischer Autoren", 1987; „Es gibt ein Sehen nach dem Blick", 1989; „Schratt", 1992; „Was bisher geschah", 1994.

Roland Girtler

Univ.-Prof. am Institut für Soziologie der Universität Wien; geboren in Wien als Sohn des späteren Gemeinde- und Landarztes von Spital am Pyhrn (Oberösterreich) Dr. Roland Girtler und der Landärztin Dr. Leopoldine Girtler.

Volksschule in Spital am Pyhrn. 1951–1959 Schüler am humanistischen Gymnasium des Klosters zu Kremsmünster. Studium der Jurisprudenz, Ethnologie, Urgeschichte, Philosophie und Soziologie an der Universität Wien. 1971/72 Feldforschung in Indien.

Während des Studiums Verehelichung und Gelderwerb als Bierausführer, Arbeiter am Naschmarkt, Filmkomparse (z. B. in einem Film mit Omar Sharif) usw.

Forschungen in Bauerndörfern Gujarats (Indien) und in den Slums von Bombay, bei „feinen Leuten" (Aristokraten, Politikern, Jägern usw.), in städtischen Randkulturen (Dirnen, Sandler, Ganoven usw.), bei Bergbauern, Wilderern, Schmugglern, den Landlern in Siebenbürgen, über Landärzte, Klosterschüler …

Seit Mai 2000 wissenschaftlicher Leiter des Museums „Wilderer im Alpenraum – Rebellen der Berge" in St. Pankraz bei Hinterstoder (Oberösterreich).

Zahlreiche Publikationen, u. a.: „Der Strich", 1985 (3. Aufl. 1994); „Die feinen Leute", 1989; „Randkulturen – Theorie der Unanständigkeit", 1995; „Landärzte – Als Krankenbesuche noch Abenteuer waren", 1997; „Wilderer – Soziale Rebellen in den Bergen", 1998; „Rotwelsch – Die alte Sprache der Gauner, Dirnen und Vagabunden", 1998; „Die alte Klosterschule – eine Welt der Strenge und der kleinen Rebellen", 2000; „Die Lust des Vagabundierens – eine Pilgerreise mit dem Fahrrad nach Assisi", 2001; „Methoden der Feldforschung", 2001; „Echte Bauern – vom Zauber einer alten Kultur", 2002.

Wolfgang Maria Gran

Geboren 1962 in Schladming, ist Sportchef der „Salzburg Krone". Davor Lehr- und Wanderjahre bei „Kurier", „Wochenpresse" und „Salzburger Nachrichten". Neben seiner journalistischen Tätigkeit, die ihn mit Hans Klankl im Jahr 1988 zusammenführte, als dieser die Salzburger Austria mit elf Toren zurück in die erste Liga schoss, frönt Gran als Bandleader der Austro-Rock-Formation „Onkel Hans" seiner großen Leidenschaft, der Musik – was ihn wiederum mit dem Sänger Johann K. in Verbindung brachte. Seit 1999 begleitet er Krankl bei dessen Live-Auftritten mit seiner Band, im März 2003 Produktion der CD „Onkel Hans featuring Johann K." mit Hans Krankl als Gastsänger.

Ludwig Hirsch

Schauspieler und Liedermacher; geboren 1946 in Weinberg, Steiermark. Sprecher bei Ö3, danach Engagements am Stadttheater Regensburg, 1975–79 Ensemblemitglied des Wiener Theaters in der Josefstadt, 1978 Beginn seiner Karriere als Liedermacher. Schallplatten: „Dunkelgraue Lieder", 1978; „Komm, großer schwarzer Vogel", 1979; „Zartbitter", 1980; „In meiner Sprache", 1991; u. a.

Adolf Holl

Geboren 1930 in Wien, Eintritt ins Priesterseminar und Beginn des Theologiestudiums 1948, Priesterweihe 1954. Bis 1973 Kaplan an zwei Wiener Pfarren, gleichzeitig Religionslehrer (bis 1965) und (ab 1963) Universitätsdozent für Religionswissenschaft an der Katholisch-theologischen Fakultät der Universität Wien. Theologisches Doktorat 1954, philosophisches Doktorat 1961. 1973 kirchliches Lehrverbot, 1976 als Priester suspendiert. Lebt als freier Schriftsteller in Wien. Zahlreiche Publikationen, darunter: „Jesus in schlechter Gesellschaft", „Der letzte Christ", „Wie ich Priester wurde, warum Jesus dagegen war, und was dabei herausgekommen ist".

Timo Huber

1944	in Freistadt, OÖ, geboren
1964–74	Studium der Architektur TU Wien
1967	Mitarbeit bei Aktionen und Filmen der Wiener Aktionisten
1968	Gründungsmitglied der Architekturgruppe ZÜND-UP
1970	Gründungsmitglied der Architekturgruppe SALZ DER ERDE
seit 1988	eigenes Architekturbüro, lebt und arbeitet in Wien
	einmal verheiratet, einmal geschieden, zwei Söhne

Ausstellungen (Auszug):

1971	Galerie „DIE BRÜCKE" – Spiegel des großen Welttheaters
1973	Österr. Kulturzentrum Warschau
1977	Galerie CONTREJOUR Paris
1983	Secession Wien, Ausstellung und Performance
1984	Kunstverein Wien, Ausstellung und Performance
seit 1978	zahlreiche Gruppen- und Einzelausstellungen im In- und Ausland
2000	Ausstellung „LOOK", Atelier Grünangergasse, Wien
2001	CENTRE POMPIDOU – Paris
März	„Les années POP"
	Ausstellungsbeteiligung mit der Gruppe ZÜND-UP
2001	Espace HILGER – Paris
März	„ZÜND-UP ne disparaitra pas de sitôt"
	Ausstellung mit der Gruppe ZÜND-UP
2001	ZÜND-UP – acme, hot tar and level
Nov.	Text-Bild-Band, Springer Verlag
2001	MEGA – Künstlerhaus Wien
Apr.	Installation mit der Gruppe ZÜND-UP
2001	Präsentation, Semper Depot Wien
2002	„Kunst gegen Gewalt", Installation: Video/Collage, Beteiligung Galerie Chobot
2002	Ausstellung „CUT", Galerie Chobot – Wien

| Sept. | TV-Film: „Das Röhren des Jahrhunderts" mit der Gruppe ZÜND-UP |
| 2003 | Präsentation Forum Stadtpark Graz mit der Gruppe ZÜND-UP |

Wolfgang Kos

Hörfunkjournalist, Kulturpublizist, Historiker; geboren 1949 in Mödling. Wissenschaftlicher Leiter der Großausstellung „Die Eroberung der Landschaft – Semmering, Rax, Schneeberg" (Gloggnitz, 1992). Veröffentlichte u. a.: „Über den Semmering. Kulturgeschichte einer künstlichen Landschaft", 1984; „Eigenheim Österreich. Über Politik, Kultur und Alltag nach 1945", 1994; Herausgeber (gemeinsam mit Elke Krasny) von: „Schreibtisch mit Landschaft. Österreichische Schriftsteller auf Sommerfrische", 1995. Seit April 2003 Leiter des Historischen Museums der Stadt Wien.

Hans Krankl

Fußballer, Trainer, seit 2002 Teamchef der österreichischen Fußball-Nationalmannschaft; geboren 1953 in Wien. Als Spieler legendär geworden am 21. Juni 1978 in Cordoba, als er zwei Tore zum 3 : 2-Sieg Österreichs gegen Deutschland bei der WM in Argentinien erzielte. Im selben Jahr wurde er mit 41 Toren für Rapid europäischer Schützenkönig, ein Jahr später im Dress des FC Barcelona mit 29 Treffern spanischer Torschützenkönig. Krankl wurde als Spieler zwei Mal österreichischer Meister (1982 und 1983) und fünf Mal Cupsieger – jeweils mit Rapid – sowie mit Barcelona Europacupsieger im Cup der Cupsieger (1979). Im Jahr 1999 wurde Krankl Trainer des Jahres (er betreute damals Austria Salzburg), und bei seinem Lieblingsclub Rapid wurde er zum „Rapidler des Jahrhunderts" gewählt. Neben dem Fußball gehört seine große Leidenschaft der Musik, was sich in einer qualitativ wie quantitativ rekordverdächtigen CD-Sammlung sowie in raren, aber stets umjubelten Bühnenauftritten als „Johann K." manifestiert.

Roland Neuwirth

Autor, Komponist, Sänger, Kontragittarist; geboren 1950 in Wien. Wandte sich während seiner Schriftsetzerlehre (u. a. in einer Partendruckerei) der Musik zu, erster musikalischer Auftritt im Wurstelprater, später Studium an der Musikhochschule; wurde wichtiger Vertreter der neuen Wiener Volksmusik bzw. des neuen Wienerliedes. Gründete 1978 die „Neuwirth-Schrammeln" und 1983 die „Neuwirth Extrem-Schrammeln". 1993 Verleihung des Nestroy-Ringes für die satirische Darstellung Wiens und seiner Bewohner.

Hermann Nitsch

Maler, Aktionist; geboren 1938 in Wien. Entwickelte seit 1975 sein „Orgien-Mysterien-Theater" als mehrtägiges Gesamtkunstwerk, ab 1971 auf Schloss Prinzendorf. Zahlreiche Schüttbilder, 1995 Bühnenbilder für die Wiener Staatsoper.

Veröffentlichte u. a.: „Das Orgien Mysterien Theater. Manifest, Aufsätze, Vorträge", 1990; „Zur Theorie des Orgien Mysterien Theaters. Zweiter Versuch", 1995.

Wilhelm Pevny

Dramatiker, Erzähler, Drehbuchautor; geboren 1944 in Wallersdorf, Deutschland. Verfasser experimenteller Theaterstücke, wie „Flipper" (1968), „Oedip Entsinnung" (1969) und „Maß für Maß" (1969) u. a. Schrieb gemeinsam mit Peter Turrini 1976–79 das Drehbuch zur Fernsehserie „Alpensaga".

Lukas Resetarits

Kabarettist, Schauspieler, Autor; geboren 1947 in Stinatz, Burgenland. 1951 übersiedelte die Familie nach Wien. Nach der Matura Studium der Psychologie und Philosophie, daneben und danach Rocksänger, Bauhilfsarbeiter und Gammler. Ab 1968 Traffic Officer am Flughafen Schwechat.

Ab 1974 Texte für die „Schmetterlinge", ab 1975 Texter und Mitakteur bei der Kabarettgruppe „Keif". 1977 schrieb er u. a. für die „Schmetterlinge" den Text zu deren Eurovisionsbeitrag „Boom Boom Boomerang", spielte im TV-Kabarett „Tu felix Austria" mit Erwin Steinhauer und Wolfgang Teuschl und trat erstmals mit dem Solokabarett „Rechts Mitte Links" im Wiener Konzerthauskeller auf. Am Klavier: Peter Oswald. Danach folgten 18 weitere Soloprogramme bis „Zeit" (2002), nunmehr am Klavier begleitet von Robert Kastler.

Daneben wirkte er in diversen TV-Produktionen und Kinofilmen mit, u. a. in „Alpensaga", „Dem Tüchtigen gehört die Welt", „Tiger – Frühling in Wien", „D.O.R.F.", „Tohuwabohu", „Kaisermühlen-Blues", „Freispiel", „Schwarzfahrer" oder „Blutrausch".

Seine wohl bekannteste Fernsehrolle war die von Helmut Zenker geschaffene Figur des Majors Kottan in Peter Patzaks TV-Serie „Kottan ermittelt".

Peter Resetarits

ORF-Journalist; geboren 1960 in Wien. Jusstudium an der Universität Wien, Dr. jur. Während des Studiums Moderator u. a. von „Ohne Maulkorb", ab 1986 Mitarbeit bei Dokumentationen, ab 1987 bei „Inlandsreport". Seit 1995 Moderator und Reporter des ORF, ab 1997 „Am Schauplatz Gericht", seit 2002 „Volksanwalt: Gleiches Recht für alle". Erhielt 1987 den Renner-Preis für seine journalistische Tätigkeit.

Gerhard Roth

Erzähler, Dramatiker, Essayist; geboren 1942 in Graz. Studierte Medizin und Mathematik und arbeitete als Programmierer und Organisationsleiter im Rechenzentrum Graz, seit 1977 freier Schriftsteller. Zu Beginn der siebziger Jahre erschienen seine ersten experimentellen literarischen Arbeiten. Nach dem Erfolg des Romans „Winterreise" (1978) entstand, beginnend mit „Der Stille Ozean" (1980), sein siebenteiliger Zyklus „Die Archive des Schweigens" (abgeschlossen 1991). Beschäftigt sich in seinen Werken mit der Entfremdung des Menschen sowie mit den politischen, historischen und sozialen Aspekten der österreichischen Vergangenheit und deren Auswirkungen auf die Gegenwart, so in seiner Sammlung „Eine Reise in das Innere von Wien" (1995) und dem Hauptwerk „Archive des Schweigens", darunter „Landläufiger Tod" (1984), „Am Abgrund" (1986), „Der Untersuchungsrichter" (1988), „Die Geschichte der Dunkelheit" (1991) u. a. Es folgten die Romane „Der See" (1995), „Der Plan" (1998) und „Der Berg" (2000). Zahlreiche, auch internationale Auszeichnungen, so 1983 der Alfred-Döblin- und 1992 der Marie-Luise-Kaschnitz-Preis.

Schiffkowitz

Bürgerlich: Helmut Röhrling. Sänger / Songschreiber. Zweites S des Trios STS (**S**teinbäcker, **T**imischl & **S**chiffkowitz).

CDs: Alles von STS bei Universal.
Solo: „Er selbst" (Universal).
Buch: „Wir sind die, vor denen uns unsere Eltern gewarnt haben" (N&R-Verlag).

Rolf Schwendter

Schriftsteller; geboren 1939 in Wien. Übersiedelte 1967 nach Deutschland, wo er als Autor, Liedermacher und Regisseur wirkte, seit 1975 Professor für Devianzforschung an der Gesamthochschule Kassel, 1989–91 Präsident der Grazer Autorenversammlung.

Publizierte neben Lyrik und Liedern u. a. „Theorie der Subkultur", 1973; Zur Geschichte der Zukunft", 1983; „Grundlagen zur alternativen Ökonomie"; 1986, „Schwendters Kochbuch", 1988; „Utopie", 1993.

Ernst Stankovski

Schauspieler, Schriftsteller; geboren 1928 in Wien. Nach Besuch des Reinhardt-Seminars Engagement am Theater in der Josefstadt, danach Zusammenarbeit mit Erwin Piscator in Berlin, Fritz Kortner in München, Peter Zadek in Hamburg, daneben Liedermacher, TV-Moderator und Kabarettist. Deutscher Kleinkunstpreis 1975. Veröffentlichte u. a. „Das Große Testament des François Villon", 1981.

Günter Tolar

Schauspieler, Kabarettist, TV-Moderator, Schriftsteller; geboren 1939 in Wels, Oberösterreich. Besuch des Humanistischen Gymnasiums in Linz, danach Studium an der Universität Wien. 1963 Abschluss der Schauspielschule, danach Auftritte im Kabarett „Der Würfel" im Café Savoy gemeinsam mit Kuno Knöbl, Peter Lodynski, Miriam Dreifuß, Herwig Seeböck u. a. Ab 1969 im Fernsehen als Redakteur und Moderator tätig. 1991 Coming-out als Homosexueller sowie Gründung von POSITIV LEBEN, einem Soforthilfeverein für HIV-Positive und Aidskranke sowie Einrichtung des Internet-Dienstes LIBERTY Life. Seit 30. 9. 2000 Erster Bundesvorsitzender der SoHo (Sozialismus & Homosexualität). Bücher zum Thema Homosexualität: „Sein Mann", 1992; „Wer hat die Karten gemischt", 1994; „Zur Hölle mit mir!", 1999.

Alfred Treiber

Kultur- und Programmchef Ö1; geboren 1944. Nach der Matura 1963 Studium der Germanistik, Philosophie, Geschichte, Kulturgeschichte und Theaterwissenschaft. 1966 Gründungsmitglied der Radio-Jugendredaktion des ORF, 1972–74 Programmberater bei Radio Afghanistan. 1976 Gründung der Feature-Redaktion, 1987 Leitung der Hauptabteilung Literatur & Feature-Redaktion, ab 1995 Kultur- und Programmchef Ö1.

Zahlreiche Buchpublikationen sowie Hörspiele und Features. 1978 Prix Italia, 1982 Goldenes Mikrophon, 1983 Prix Futura.

Peter Turrini

Dramatiker, Lyriker, Drehbuchautor; geboren 1944 in St. Margarethen im Lavanttal, Kärnten. Bereits seine ersten sozialkritischen Theaterstücke „Rozznjogd" (1967) und „Sauschlachten" (1972) erregten Aufsehen, ebenso wie seine (mit Wilhelm Pevny) fürs Fernsehen verfasste „Alpensaga" sowie die mit Rudi Palla und Dieter Berner verfasste „Arbeitersaga". Für die Bühne schrieb er ab 1980 u. a. „Josef und Maria", „Campiello" (1982), „Die Bürger" (1982), „Die Minderleister" (1989), „Tod und Teufel" (1990), „Die Schlacht um Wien" (1995) u. a.

Christian Wallner

Literat, Kabarettist; Jahrgang 1948, geboren in Gmunden, aufgewachsen in Wels, Studium von Latein, Geschichte und Publizistik in Salzburg, wo er seit 1966 lebt. War Dramaturg am Landestheater, ORF- und Mitarbeiter von BRD-Sendern. Als HF- und FS-Autor grenzüberschreitend tätig: 10 Filme, 100 Stunden Hörspiel. Mehrfacher Literatur-Preisträger. 10 Bücher (Gedichte, Prosa, Parodien) veröffentlicht. Gastdozenturen an Universitäten in Österreich, Polen und den USA. Mitbegründer und -arbeiter von Literaturzeitschriften („Salz", „Wespennest"), seit '82 Kolumnist der „Salzburger Nachrichten".

Kabarettist („MotzArt"), seit 1980 Auftritte im deutschsprachigen Raum, auch HF und TV. Gründer und Programmgestalter des internationalen Salzburger Kabarett-Festivals „MotzArt-Woche". Seit 2000 Jurymitglied des Int. Kreisky-Preises für das Politische Buch und Consulting für das „argekultur-Gelände Salzburg" (größtes autonomes Kultur- und Medienzentrum Westösterreichs).

Stefan Weber

Geboren am 8. November 1946 in Wien. Volksschule, Gymnasium, Matura im Jahr 1964. Von 1964–1969 Studium an der (damaligen) Akademie der bildenden Künste, mit Abschluss Lehramt, 1975 Diplom als Grafiker.

1975–2000 AHS-Lehrer für Bildnerische Erziehung und Technisches Werken im BRG 4, Waltergasse.

Als Künstler: Ausstellungen, Karikaturen, politische Poster und Comics in verschiedenen Zeitschriften.

Als Schauspieler in verschiedenen Filmen, TV-Produktionen und am Theater akiv.

Als Musiker 1967 Gründung der Wabbbs Crew.

1969 Gründung der Gruppe „Drahdiwaberl", die bis heute aktiv ist.

Seit 1989 so genannte „Letzte Konzerte".

Der Film „Die letzte Ölurg" über die Gruppe „Drahdiwaberl" ist für Ende 2003 geplant.

Literaturhinweise

ARIÉS, Philippe u. Georges DUBY (Hrsg.), Geschichte des privaten Lebens. Bd. 5: Vom Ersten Weltkrieg zur Gegenwart. Frankfurt/M. 1993.

BARTHES, Roland, Mythen des Alltags. Frankfurt/M. 1964.

BECHER, Ursula A. J., Geschichte des modernen Lebensstils. Essen – Wohnen – Freizeit – Reisen. München 1990.

BONGARD, Willi, Fetische des Konsums. Portraits klassischer Markenartikel. Hamburg 1964.

BURGER, Johann u. Elisabeth MORAWEK (Hrsg.), 1945/1995. Entwicklungslinien der Zweiten Republik. Wien 1995.

ERGERT, Viktor, 50 Jahre Rundfunk in Österreich. Bd. III: 1955–1967. Salzburg 1977.

FINK, Iris, Von Travnicek bis Hinterholz 8. Kabarett in Österreich ab 1945 – Von a bis Zugabe. Graz/Wien/Köln 2000.

FISCHMANN, L., Rocksplitter. Geschichten von der Rockmusik. Wien 1990.

FLECK, Robert, Avantgarde in Wien. Die Geschichte der Galerie nächst St. Stephan. Wien 1954–1982. Wien 1983.

FRITZ, Walter, Kino in Österreich 1945–1982. Wien 1983.

HANISCH, Ernst, Der lange Schatten des Staates. Österreichische Gesellschaftsgeschichte im 20. Jahrhundert. Österreichische Geschichte 1890–1990. Wien 1994.

HAUG, Wolfgang Fritz, Kritik der Warenästhetik. Frankfurt/M. 1971.

HOBSBAWM, Eric, Das Zeitalter der Extreme. Weltgeschichte des 20. Jahrhunderts. München/Wien 1995.

JAGSCHITZ, Gerhard u. Klaus Dieter MULLEY (Hrsg.), Die „wilden" fünfziger Jahre. Gesellschaft, Formen und Gefühle eines Jahrzehnts in Österreich. St. Pölten/Wien 1985.

KELLER, Fritz, Wien, Mai '68. Eine heiße Viertelstunde. Wien 1983.

KEHLMANN, Michael u. Georg BIRON, Der Qualtinger. Ein Portrait. Wien 1987.

KLEINDEL, Walter, Österreich. Daten zur Geschichte und Kultur. Wien 1978.

MAURER, Philipp, Danke, man lebt – Kritische Lieder aus Wien 1968–1983. Wien 1987.

MAURER, Philipp u. Gerhard JATZEK, Gegentöne. Kritische Lieder – rebellischer Rock. Wien 1987.

MENASSE, Robert, Das Land ohne Eigenschaften. Essay zur österreichischen Identität. Wien 1992.

MENASSE, Robert, Die sozialpartnerschaftliche Ästhetik. Essays zum österreichischen Geist. Wien 1990.

MITSCHERLICH, Alexander, Die Unwirtlichkeit unserer Städte. Anstiftung zum Unfrieden. Frankfurt/M. 1965.

RAUCHENSTEINER, Manfried, Die Zwei. Die Große Koalition in Österreich 1945–1966. Wien 1987.

RÖHRLING, Helmut, Wir sind die (von denen uns unsere Eltern immer gewarnt haben). Graz 1990.

RUPPRECHT, Siegfried P., Chanson-Lexikon. Zwischen Kunst, Revolution und Show – Die
  Lieder und Interpreten der tausend Gefühle. Berlin 1999.
SANDGRUBER, Roman, Ökonomie und Politik. Österreichische Wirtschaftsgeschichte vom
  Mittelalter bis zur Gegenwart. Wien 1995.
SCHMATZ, Ferdinand, Sinn & Sinne. Wiener Gruppe, Wiener Aktionismus und andere Weg-
  bereiter. Wien 1992.
STADTCHRONIK WIEN. Wien 1986.
VEIGL, Hans, Die 50er und 60er Jahre. Geplantes Glück zwischen Motorroller und Minirock.
  Wien 1996.
WALTER, Klaus-Peter, Das James-Bond-Buch. Frankfurt/Berlin 1995.

Danksagung und editorische Nachbemerkung

Wer über Erinnerung spricht, kommt dabei nicht ohne Metaphern aus. Somit danken die Herausgeber allen Autoren für ihre Mühe, noch einmal in die Tiefe der Jahre und den eigenen Keller der Erinnerung hinabgestiegen zu sein, um persönlich erlebte und oftmals erstaunlich nachhaltige Erscheinungsformen des kulturellen Wandels der sechziger Jahre entstaubt und im hellen Licht der Öffentlichkeit präsentiert zu haben.

Ein Vergleich derartiger, häufig von Widerständigkeit geprägten Haltungen mit zeitgenössischen Kulturphänomenen im Kontext gesellschaftlicher und technologischer Veränderungen soll jedoch allein dem Leser vorbehalten bleiben.

Unser Dank gilt ferner Iris Fink und Roswitha Hofer, die zwar jene denkwürdigen Zeiten noch nicht erleben durften, dafür wesentlich effizienter als die beiden Herausgeber mit jüngeren technologischen Innovationen wie Handy, Computer, Internet, Fax, Kopiergerät, Briefmarken u. ä. umzugehen vermögen, was Außenstehende in gewisser Hinsicht ebenfalls zu einer Metapher verleiten könnte.

Das fehlende Binnen-I im obigen Dank an die Autoren deutet es bereits an: Mit Schrecken mussten wir am Ende registrieren, dass der weibliche Anteil in den vorliegenden Beiträgen nicht punktgenau den Richtlinien der Gleichbehandlungskommission entspricht. Oder anders ausgedrückt: Nun ja, genauer besehen findet sich kein einziger Erlebnisbericht über die sechziger Jahre in blassblauer Frauenhandschrift in dieser Anthologie. Und dies kann nicht allein mit dem billigen Hinweis auf unser Aussehen vom Tisch gewischt werden, vielmehr scheint das Problem tiefer zu liegen und gehört demnach ergründet. Zugegeben: Der Anteil der von uns zur Mitarbeit Eingeladenen fiel auf weiblicher Seite quantitativ etwas geringer aus, doch entschlüsselt dies auch schon derart enigmatische Verweigerungshaltung? Waren vielleicht die sechziger Jahre entgegen aller proklamierter Umbrüche und Veränderungen herkömmlicher Lebensformen nach wie vor ausschließlich von Männern streng hegemonialisierte Lebenswelten? Und erklärt dies auch schon das Verstummen am Ende des vielzitierten Traktats: „Wovon man nicht sprechen kann, darüber muss man schweigen"?

Fragen über Fragen.

Da jedoch die soziale Verfasstheit des Gedächtnisses bekanntlich immer auch die geschlechtliche miteinschließt, formt sich in unseren beiden stets nachdenklichen Köpfen langsam eine Idee, die zudem den unbestreitbaren Vorteil in sich birgt, nicht von uns realisiert werden zu müssen. Das Projekt nämlich, ein Werk über die weibliche Sicht auf die sechziger Jahre zu erarbeiten.

Verlag und Autorinnen (ohne Binnen-I) seien hiermit dazu aufgerufen!

PS.: Effiziente Beratung und versierte Hilfe in technologischen Angelegenheiten bieten sich naturgemäß von Seiten der beiden Herausgeber an.

Willi Resetarits / Hans Veigl, im Juni 2003

böhlau Wien

Ernst Grissemann/Hans Veigl
Testbild, Twen und Nierentisch
Unser Lebensgefühl in den
50er Jahren
2002. 17 x 24 cm, 176 S.,
98 schw.-w. Abb., 16 S. 4c, geb.
ISBN 3-205-99382-9

Die 50er Jahre: Eine Zeit, die ge-
prägt war von stiller Behaglichkeit in
Couchecken und Gummibäumen
neben Nierentischen, von Dampf-
kochtopf und Waschmaschine, von
Nylonstrümpfen und Novopanplatten, Pitralon und Pez-Box, von
Cocktail- und Tanzstunde. Im Fernsehen wurden Wiederaufbau und
Wirtschaftswunder stolz bilanziert …

Stars und Prominente erzählen über ihre 50er Jahre:
Peter Alexander, Franz Antel, Walter Davy, Hans Dichand, Milo Dor,
Ernst Fuchs, Waltraud Haas, Dagmar Koller, Willi Kralik, Franz Kreu-
zer, Arnulf Rainer, Ulrich N. Schulenburg und Ingrid Wendl.

Jetzt erhältlich in Ihrer Buchhandlung!

www.boehlau.at

böhlauWien

Lore Neumeier
Autofahrer unterwegs
Prominente Sprecher errinnern sich
2003. 17 x 24 cm, 144 S.,
53 schw.-w. Abb., geb.
ISBN 3-205-77143-5

Autofahrer unterwegs – flüchtig betrachtet
würde man heute die Sendung als Kult-
Produkt sehen. Nicht ganz richtig: Sie war
mehr. Von Anfang an – und das liegt fast
ein halbes Jahrhundert zurück – war Autofahrer unterwegs der tägliche Begleiter
einer Generation von Radiohörern für die das
Auto nicht allein Transportmöglichkeit, sondern vor allem auch gesellschaftli-
ches Ansehen, Lebensfreude und Ausdruck der Freiheit war. Diesen Hörern hel-
fend und unterhaltend zur Seite zu stehen, war das Anliegen der Sendung.
Großen Veränderungen gegenüber erwiesen sich die Sendung und ihre Hörer
als überaus resistent. Nur fallweises nahezu unmerkliches Entstauben erhielt
das Wohlbefinden von Sendungsmachern und ihren Hörern ungetrübt.
Für viele, die sich Tag für Tag zur Mittagsstunde am Radiogerät fanden – in
Glanzzeiten waren das zwei Millionen und mehr – waren die Präsentatoren der
Sendung längst zu überaus beliebten Bezugspersonen ihres Lebens geworden.
Sie haben ihrem Publikum gegeben, was das ferne Medium Radio immer weni-
ger geben kann: Nähe und Glaubwürdigkeit.

Othmar Urban, ORF-Landesintendant Wien

Jetzt erhältlich in Ihrer Buchhandlung!

www.boehlau.at